여성 혐오가 어쨌다구?

기획의 말

  '여성 혐오'는 불과 2014년까지만 해도 한국사회에서는 낯선 말이었다. '여성'과 '혐오'의 합성명사로서 누구나 그 뜻은 알고 있었지만 익숙한 용어는 아니었다. '여성 혐오증'이 있었다는 역사 인물의 이야기 혹은 몇몇 고전문학이나 예술작품이 '여성 혐오적'이라는 비평은 있었지만 서양 문화권에서나 존재할 법한 말의 번역어 같았다. 그러던 이 말이 2015년 지금 한국사회에 새로운 얼굴로 등장했다.

  이 책 『여성 혐오가 어쨌다구?: 벌거벗은 말들의 세계』는 현실문화가 펴내는 '우리 시대의 질문' 시리즈의 두 번째 권으로, '여성 혐오'라는 프리즘을 통해 우리 삶에 그늘을 드리우고 있는 '혐오'라는 거대한 괴물의 몸뚱어리를 확인해보자는 취지로 시작된 기획이다. 혐오는 어떻게 만들어지는지, 어떤 다양한 판본을 갖는지, '여성'은 어떤 사람들인지, '혐오'라는 강렬한 감정은 무슨 일을 하는지 등을 살펴보는 동안 우리가 살고 있는 이 세계는 지금껏 숨겨왔던 진짜 모습을 드러내지 않을까. 여성 혐오를 입구 삼아 우리가 살아가고 있는 '혐오 사회'를 들여다보고 질문할 때라고 생각했다.

  여섯 명의 필자가 긴급하게 그리고 절실하게 우리의 기획에 응답했다.

여성학 연구자 윤보라는 「김치녀와 벌거벗은 임금님들: 온라인 공간의 여성 혐오」에서 여성 혐오 현상을 둘러싼 인식 틀의 정당성을 문제삼으며, 이 현상이 여성에 대한 몇 가지 부정적 유형에 여성을 자의적으로 끼워 넣는 작업임을 밝힌다.

정신분석학과 페미니즘을 연구해온 임옥희는 「주체화, 호러, 재마법화」에서 글로벌 신자유주의 시대에 젠더 무의식이 어떤 과정과 변형을 거치는지를 살피며, 혐오를 끔찍하리만치 강력한 힘에 대한 두려움으로 읽어내고, 여성이 가진 바로 그 강력한 힘에서 혐오를 동결시킬 마법적인 힘을 기대해볼 수 있다고 한다.

여성학, 평화학을 연구하는 '메타 젠더주의자' 정희진은 「언어가 성별을 만든다」에서 여성에게 언어가 있는가라는 질문을 던지며, 타자로서 여성이 만들어지는 과정에서 여성의 경험과 역사가 지식으로 공유되지 않고 전수되지 않고 있는 상황을 숙지할 것을 당부한다.

문화연구자 시우는 「다른 목소리로: 남성 피해자론 및 역차별 주장 분석하기」에서 연세대 '논지당 사건'에서 나타난 남성 역차별 주장과 피해자론을 파고들며, 남성 간 차이를 은폐하는 남성 역차별 담론의 숨은 기능을 비판적으로 폭로하고, 젠더 정치학과 페미니즘의 방향성을 묻는다.

퀴어 연구자인 루인은 「혐오는 무엇을 하는가: 트랜스젠더퀴어, 바이섹슈얼 그리고 혐오 아카이브」에서 혐오가 어떤 주체를 만들어내는지에 초점을 두며, 혐오를 자기와 세계가 조우하는 방식의 분석 틀로 삼아보자고 제안한다. 민감하고 복잡한 혐오 양상을 독해하는 이 글은 우리 모두를 혐오의 당사자로 소환한다.

마지막으로, 성소수자 인권운동가 나라는 「누군가의 삶에 반대한다?: 성소수자 운동이 마주한 혐오의 정치세력화」에서 정치적으로 성장한 혐오 세력과 싸워오고 있는 성소수자 운동의 동학을 추적하며, 약자를 속죄양 삼는 혐오 정치를 비판하는 동시에, 여성, 이주자, 성소수자 등 손쉬운 먹잇감을 찾는 다양한 혐오에 대항하는 연대의 중요성을 강조한다.

여섯 편의 글은 '여성 혐오' 사태를 한목소리로 비판하지 않으며, 단일한 돌파구 찾기를 도모하지 않는다. 서로 겹치고 마주치고 맞서고 스치는 가운데 여섯 편의 글은 '여성 혐오'의 입체적인 윤곽을 보여주며 한국사회의 맨얼굴을 드러낸다. 눈앞에 드러난 하나의 사건을 통해 세밀하게 짜인 세상의 문법과 숨어 있는 구조를 성찰하고, 그 구조와 법이 재생산해 낼 미래의 사건들을 내다보는 독서가 되기를 바란다. "주인의 연장으로는 주인의 집을 허물 수 없으리라"던 흑인 레즈비언 시인이자 인권운동가 오드리 로드의 말처럼, 분노한다면 이제 벌거벗은 말들이 넘실대는 이 세계를 허물기 위해 자기만의 연장을 갖출 때다.

현실문화 편집부

김치녀와 벌거벗은 임금님들

: 온라인 공간의 여성 혐오

윤보라

윤보라

서울대학교 여성학협동과정 박사과정을 수료했다. 여러 매체를 통해 「일베와 여성 혐오: 일베는 어디에나 있고 어디에도 없다」, 「일베가 능욕당한 국가를 구한다?」(공동 기고), 「농담과 비키니, 나꼼수 사건을 바라보는 조금 다른 시선」(공동 기고) 등의 글을 발표했다. 온라인 문화생태계와 젠더 변동에 관심을 갖고 공부하고 있다.

무언가 잘못되었다

지금으로부터 꼭 3년 전인 2012년 봄의 일이다. 인터넷 포털 사이트에 접속하자 아래와 같은 뉴스 제목들이 눈에 들어왔고, 그 순간 머릿속에 떠오른 생각은 '무언가 잘못되었다'는 것이었다. 이를 기억해두어야겠다는 생각으로 화면을 저장해두었다.

'북한 여성들의 집단 춤바람', '김구라와 창녀', '머리채 잡고 싸운 여가수', '팔려간 여대생', '야한 동영상', '연습생을 성폭행한 가수', '연대女의 원나잇'. 해당 포털 사이트가 게시한 아홉 개의 톱뉴스 꼭지 중 일곱 개의 기사 제목에 등장한 단어들이다. 클릭해 확인해본 기사 내용은, 누구나 짐작하듯이 그다지 특별할 것이 없었다.

뉴스캐스트 톱뉴스 ｜정치｜경제｜IT/과학｜사회｜국제｜스포츠｜문화/연예｜스페셜｜지역

• 3천억 매출 기업 CEO 된 철(鐵)의 노조위원장 프레시안
• "금배지 떨어질라" 떨고 있는 당선자, 누구? 머니투데이

• 北여성들 야밤에 집단 춤바람 알고보니 중앙일보
• 나꼼수 한패거리 김구라, 감히 누구에게 창녀? 뉴데일리
• 이효리 "이진과 머리채 잡고 싸웠다" 충격! MBN TV
• 어이없는 이유로 유흥주점에 팔려간 여대생 한국일보
• "야한동영상 많이 보는 사람은…" 충격 결과 서울경제
• '女연습생 성폭행' 가수 A씨 누군지 알고보니.. 서울신문

「연대女,토요일밤 좋아
원나잇…」논란
경향신문

2012년 어느 날, 포털사이트 네이버 첫 화면의 '뉴스캐스트' 섹션.

저마다의 단어들이 품고 있는 성적 에너지와 '여성'이라는 기표 그
자체가 중요할 뿐이다.

때마침 2012년 한국사회의 온라인 공간은 '나꼼수-비키니 시
위 사건'[1]에 대한 격렬한 논쟁으로 요란한 새해를 맞이했다. 몇 달
뒤 사건에 대한 갑론을박이 수그러들자 느닷없는 'ㅇㅇ녀' 바람이
불어닥쳤다. 거의 매일같이 강박적으로 만들어진 당시의 'ㅇㅇ녀'
현상은 과거에 간헐적으로 등장했던 그것과는 사뭇 양상이 달라
보였다. 도대체 이 기이한 현상의 원인이 무엇인지 알아내기 위해

1 　김어준 외 3명이 2011년 4월 27일부터 2012년 12월 18일까지 총 71회 진행한 팟캐스
트 방송 〈김어준의 나는 꼼수다('나꼼수')〉는 당시 강력한 대중적 영향력을 발휘했다. 2012
년 1월 정봉주 전 의원의 수감 과정에서 정봉주 팬 카페인 '나와라 정봉주 국민운동본부'의
여성 회원이 비키니 수영복을 입고 정봉주 전 의원을 응원하는 사진을 올리며 이른바 '나꼼
수-비키니 시위 사건'이 벌어졌다.

한동안 우리 사회가 분주했지만[2] 누군가 속 시원한 대답을 내놓기도 전에 잊혔다. 그해 겨울에는 대통령 선거가 있었다. 선거운동 기간 즈음부터 슬금슬금 주목받기 시작한 유머사이트 '일간베스트'는 이듬해인 2013년, '일베 현상'이라는 말과 함께 그 소란스러운 이름을 한국사회에 각인시켰다. 이제 어떤 소년은 페미니스트를 증오하며 이슬람 무장단체로 떠나버렸고, 어떤 소년은 직접 만든 폭탄을 터트리는 데서 자신의 삶의 의미를 찾아냈다. 페미니즘은 어떤 평론가에 의해 빵을 내놓으라고 싸우는 무뇌아적 사상으로, 어떤 웹툰 작가에 의해 소개팅 상대 여성이 가질 수 있는 최악의 특징 중 하나로 묘사됐다.

숨이 가쁘다. 이른바 '여성 혐오'로 명명된 사건들과 이를 둘러싼 커뮤니케이션의 총량이 최근 2~3년 동안 폭발하면서, 여성을 향한 공격적 에너지들은 촘촘히 우거진 우림처럼 정신없이 그 몸집을 불려나가고 있다. 지금 우리가 목도하고 있는 일련의 장면들은 '여성 혐오 현상'이라는 말로 간단히 표현될 수 없는 다층적 모

---

2   "2003년 '맮녀'~2012년 '대변녀'… '○○녀' 10년 질곡사", 《머니투데이》, 2012. 4. 27; "지하철 ○○녀 시리즈, 막말녀부터 분당선 대변녀까지…", 《엑스포츠뉴스》, 2012. 4. 27; "'분당선 대변녀' 사건이 남긴 것", 《여성신문》, 2012. 5. 4; "○○녀에 깔린 여성 혐오… ○○남은 왜 없나", 《미디어오늘》, 2012. 5. 9; "'국물녀' '나체녀' '주말 개통녀'… 도대체 왜?", 《오마이뉴스》, 2012. 5. 20.

습을 보여주고 있다. '여성 혐오'라는 기저 심리에서 표출되는 다양한 층위의 조롱, 멸시, 차별, 공격 등이 모두 '여성 혐오'로 손쉽게 뭉뚱그려지는 형국이다. '여성 혐오'라는 말의 범람은 현재 한국사회의 요동치는 젠더 변동과 젠더 주체의 재구성을 날카롭게 지적할 언어가 부재함을 역설적으로 보여준다. 이제는 '여혐'이라는 줄임말까지 등장하면서 조금이라도 반여성적이라고 여겨지는 모든 현상이 '여혐' 프레임 안에 포함되고 있다. 가령 콘서트장에서 여성 관객들에게 다리를 벌려달라고 한 가수의 농담은 '여성 혐오 현상'을 꼬집는 언론 보도에 인용되기 적절한 예시일까?

우리 사회가 여성을 정말 혐오한다면, 도대체 누가, 어떤 여성을, 그리고 왜 혐오하는가. 이번에도 많은 사람이 최근의 '여성 혐오 현상'을 주목하며 그 해결법을 찾고 있지만, 역시 속 시원한 대답을 찾기는 어렵다. 유일하게 확실한 것은 '무언가 잘못되었다'는, 어떤 긴급함의 정서이리라.

거푸집 만들기

혼동하기 쉬운 것은 비난의 이유와 비난의 대상이 가진 속성이다. 즉 여성을 '왜' 비난하는지 질문했을 때 혹자들은 한국 여성들이 이기적이고 남성을 이용해 욕심을 채우기 때문이라고 하지만, 그것은 비난과 혐오의 이유라기보다 비난받아 마땅한 여성의 유형에 해당한다. 예를 들어 1960~1970년대 유명 잡지들은 미혼 여성의 직장 생활을 두고 '결혼 전 즐겁게 놀기 위한 자금과 친구를 얻기 위한 것', '남성에게 자신을 선보이는 기회와 가정의 감시권에서 벗어날 자유를 주는 곳', '사치와 낭비, 퇴폐로 빠지는 지름길'이라고 비난했다.[3] 언뜻 보기에 사치와 낭비는 미혼 여성의 직장 생활을 비난하는 이유로 비춰지지만, 진짜 이유는 "사회가 여성들의 경제사회적 활동을 통제할 능력을 상실할지도 모른다는 두려움"[4]이다. 그 두려움이 '사치하고 낭비하기 위해 일터에 놀러 나온 미혼 직장 여성'이라는 유형을 만들어낸다.

이렇게 만들어진 나쁜 여성, 비난받아 마땅한 여성의 표상은 매우 다양하다. '입술에 빨간색을 칠한 여자', '껌을 씹고 다니는 여자', '몸뻬를 벗고 화사한 치마를 입은 여자'들 때문에 미풍양속이 무너진다는 1950년대의 꾸짖음도 마찬가지다. 이 역시 진짜 이유는 여성들이 미풍양속을 해쳤기 때문이 아니라, 해방 뒤의 혼란과

---

3   장미경, 「1960~70년대 가정주부(아내)의 형성과 젠더정치: 여원, 주부생활 잡지 담론을 중심으로」, 《사회과학연구》 15권 1호, 서강대학교 사회과학연구소, 2007, 148쪽.

4   이임하, 「해방 뒤 국가건설과 여성노동」, 《역사연구》 15호, 역사학연구소, 2005, 42쪽.

부패한 사회상을 가르는 기준으로서 여성 섹슈얼리티의 이미지화가 필요했기 때문이었다. 위와 같이 이미지화된 여성들의 표상은 사회 재건에 도움이 되는 여성과 그렇지 않은 여성을 구분하는 중요한 잣대가 되었다.[5]

'비난받아 마땅한 나쁜 여자'의 판본은 각 사회의 지배구조 유지와 재생산을 위해 반복적으로 재구성된다. '성적으로 방종한 여자'처럼 유래가 오래된 것도 있고, '출산하지 않는 여자'와 같이 시대에 따라 경합하는 판본도 있다. '나쁜 여자'와 '착한 여자'라는 판본을 만들어내고 각 사회 주체들을 배치하는 행위는 그 자체로 첨예한 젠더 정치gender politics가 된다. 여성에 대한 혐오와 비난은 나쁜 여성이 존재하기 때문에 자연적으로 발생하는 것이 아니라 현실의 여성을 참조해 사회적 필요에 따라 재구성되는 것이다. '개저씨'들이 아무리 많다 한들, 하루가 멀다 하고 여성을 살해·폭행하는 남성이 뉴스에 등장한들, 불균형한 젠더 권력 속에서 이것은 '비난받아 마땅한 남성들의 속성'으로 잡히지 않는다. 이 때문에 그런 여성이 정말로 있다 없다, 혹은 그 수가 많다 적다, '김여사'는 혐오 발언이다 아니다로 연결되는 지루한 각축전은 답이 나올 수 없는 우문이다.

---

5   이임하, 위의 글, 42쪽.

흥미로운 것은 '나쁜 여자'와 '착한 여자'라는 이분법적 구분 자체가 흐려진 현 상황이다. 여성을 성녀와 창녀로 나누어 보상과 처벌을 반복하는 것은 가부장적 사회질서가 여성을 통제하는 매우 오래된 방식이지만, 현재의 '여성 혐오' 현상은 거의 모든 한국 여성들을 '나쁜 여자'로 만든다. 2006년에 등장한 '된장녀' 담론과 현재의 '김치녀' 담론을 보라. '모든 여성은 아니지만 일부 여성들이 분수에 맞지 않는 사치를 부린다'는 궁핍한 이유로 굳이 스타벅스 커피잔을 들고 다니는 여성을 색출해왔다면, 이제는 그럴 필요조차 사라졌다. '김치녀'라는 말이 내포하듯 이제 한국의 모든 여성이 '나쁜 여자'의 몇 가지 유형 안에 꼼짝없이 갇혀버렸다. 이 유형들은 마치 거푸집과 같아서 여성 전체를 엇비슷한 방식으로 찍어낼 수 있게 되었다. 지금과 같은 구도 속에서는 어떤 여성도 이 거푸집을 피해 갈 수가 없다.

일베는 '일부 여성'이라는 최소한의 체면치레마저 극적으로 사라지는 장면에서 등장했다. 일베가 표현한 '한국 여자들의 쌍년 근성'이 바로 이 거푸집이다. 일베발發 여성 혐오 담론은 사이버 공간 내 여성 혐오의 역사와 매우 밀접한 관계가 있을 뿐 아니라 일베라는 극우적 주체가 탄생하는 메커니즘의 핵심이다. 일베가 문제적 집단으로 인식된 직접적인 원인은 진보 진영에 대한 무차별적 비난과 고인에 대한 모독이 언론을 통해 드러났기 때문이었고, 그들의 여성 혐오는 여러 병리적 특성 가운데 그저 하나로 병렬되었다. 민주주의 자체를 공격하는 이들의 성향과 그 공격 방식의 포악함에 놀란 우리 사회는 '일베를 너무 늦게 발견했다'고 통탄했으나, 일베는 어느 순간 갑자기 튀어나온 돌출적 집단이 아니다. 사실 여성들에게 온라인 여성 혐오 담론은 그 자체로 대단히 피로한 주제였을 것이다. 십수 년간 여성들은 포털사이트의 댓글에서, 사소한 정보를 얻으러 가입한 여러 커뮤니티 안에서 다양한 방식의 여성 비하 발언을 지켜보았고, 대개는 참고 보거나 걸러 보거나 무감해지거나 스스로 해방구를 만드는 방식을 택했다. 수많은 여성 전용 커뮤니티들이 특유의 폐쇄성을 띠는 것, 높은 진입 장벽을 치고 외부 공개와 비공개를 거듭하는 이유도 여기에 있다.

그렇다면 온라인 공간은 그동안 어떤 여성을 어떻게 '혐오'해왔는가. 지난 5월 28일 한 일간지가 보도한 "서슴없이 '김치녀'… 여성 혐오 전염병 번지듯"이라는 기사 밑에는 6월 현재까지 9300여 개가 넘는 댓글이 달려 있는데, 그중 1만 4831개의 공감을 얻은 댓글의 일부를 보자. 작성자는 '왜 여성을 혐오하는가'에 대한 이유라고 썼으나, 사실은 현재 우리 사회가 '어떤 여성을 혐오하는가'에 대해 정확하게 말해주고 있다.[6]

---

6 필자가 아래에 서술한 네 가지 여성 유형은 주창윤이 제시한 온라인 공간의 담론 질서

현대 한국 여자들의 **극단적 개념 상실, 이기주의, 공동체 의식 부재, 쾌락과 허영에 환장하고,** 남자와 사회공동체를 이용해 **개인적 이득만 챙기려는 몰염치**가 여성 혐오와 김치녀 사태를 부른 것이다.[7]

a. '이기적이고 몰염치한 자'

'이기적'이라는 표상의 핵심은 여성들이 각종 '우대 정책'을 등에 업고 남성의 몫으로 배정된 지분을 앗아간다는 설정이다. 이 정서의 뿌리는 온라인 공간 내 최초의 젠더 갈등이자 사이버 테러의 효시격인 1999년 군 가산점 폐지 논란으로 거슬러 올라간다. 정보화 사회로의 진입 초기, 온라인 공간이 남성 중심 사회질서를 극복할 수 있을지 희망과 의심이 교차하던 중에 발생한 이 사건은 여성 혐오 담론이 온-오프라인를 오가며 어떻게 확대 재생산되는지를 잘 보여주는 판본이 되었다.

주지하다시피 이 사건은 다섯 명의 대학생이 공직이나 민간 기업 채용 시 군필자에게 주어지는 가산점이 위헌이라는 헌법소원을 내면서 시작됐고, 이에 헌법재판소는 공무원 채용 시험에서 군

가 여성을 호명하는 네 가지 구분틀(도덕윤리 위반, 섹슈얼리티, 남성 비난, 사치와 과소비)을 참조했다. 주창윤, 「젠더 호명과 경계 짓기」, 《한국언론학회 심포지움 및 세미나》, 한국언론학회, 2005, 307쪽.

7　"서슴없이 '김치녀'… 여성 혐오 전염병 번지듯", 《한국일보》, 2015. 5. 28. 강조는 인용자.

필자에게 5%의 가산점이 부여되는 것이 위헌이라는 판결을 내렸다. 판결 직후 당시 인터넷과 PC통신 게시판은 언론에 대서특필될 만큼 엄청난 사이버 폭력으로 얼룩졌다. 주 표적은 이화여대와 여성단체였다. 논란의 여파가 채 가시기 전인 2001년에는 부산대《월장》사건[8]이 발생하기도 했다.

문제는 이 군 가산점 논란이 종결된 것이 아니라 지난 15년간 끊임없이 소환되며 비슷한 담론 프레임을 반복해서 생산한다는 것이다. 헌재가 위헌 판결을 내린 배경에는 여성뿐 아니라 장애인 등 사회적 약자에 대한 불평등 문제가 크게 작용했고, 이 판결은 병역을 마친 남성에 대한 합리적 보상 문제와 성역화된 징병제 문제 등을 전면적으로 논의할 기회를 제공했다. 그러나 이 모든 문제는 남녀 이분법적 구도로 너무나 간단히 빨려들어 갔다.

배은경은 언론을 비롯한 사회적 여론이 여성에 대한 공격을 그저 방치했을 뿐 아니라 적극적으로 생산·조장했음을 비판하면서, 당시 IMF 직후 불안한 한국사회의 좌절과 분노의 에너지를 남

8　부산대학교 여성학 소모임 학생들이 만든 웹진《월장》창간호에 "도마 위의 예비역"이라는 글이 실린 후, 남성들이 해당 웹진 게시판을 욕설과 위협으로 초토화시킨 사건. 웹진 회원들의 신상 정보가 유출되면서 실체적이고 구체적인 협박이 가해지기도 했다. 부산대학교 총여학생회는 부산성폭력상담소와 함께 '사이버 성폭력 대책위'까지 구성했으며 상황은 100여 일간 지속되었다.

녀 간의 대립 구도로 손쉽게 전이시킨 젠더 정치 방식을 상세히 폭로했다.[9] 당시 많은 페미니스트들은 군 가산점 논란이 남녀 간 성 대결로 고착되는 것을 우려했는데, 불행히도 이 프레임의 힘은 지금까지 건재하며 노동, 정치, 가족, 친밀성 등과 관련한 첨예한 젠더 관련 의제들을 대부분 남녀 성 대결로 귀결시키는 효과를 발휘하고 있다. 남성에 대한 모든 우대는 사라졌는데 여성만은 여전히 정책의 우대를 누리고 산다는 것이다.

이 분통 터지는 상황의 1차적 책임은 '여성부', 2차적 책임은 '페미니스트'로 지목되었다. 특히 군 가산점 폐지의 주역이자 '여성부'의 상징으로 소환된 한 페미니스트에 대한 집요한 공격은 '나쁜 여자' 판타지가 어떻게 여성을 '혐오해야만' 하는 존재로 만들어내는지를 잘 보여준다. 군 가산점 폐지 논란을 다룬 TV 토론 프로그램에서 남성 방청객을 향해 그녀가 "그래서요? 깔깔깔"이라고 비웃었다는 믿음은 진위 여부와 상관없이 지난 15년간 지속되었다. 지금처럼 방송 영상이 즉각 배포되는 시절이 아니었기 때문에 이 믿음은 즉각 기정사실화되었다. 그러나 10년 넘게 그의 이름을 달고 떠돌던 동영상에는 정작 그가 등장하지 않는다. 실제로 문제의

9 배은경, 「군가산점 논란의 지형과 쟁점」, 《여성과 사회》 제11호, 한국여성연구소, 2005.

방송 영상이 유통되기 시작한 것은 불과 2011년 무렵이었다. 그에 대한 집중포화는 그제야 슬그머니 자취를 감췄다. '군 가산점 폐지로 인한 청문회'라는 수상한 제목을 달고 수년간 회자되던 그의 '망언록'은 또 어떤가. 여기에는 '남자는 미개인처럼 소리 지르면서 싸우는 사람', '군대는 강간범 양성소', '집 지키는 개한테 월급을 줄 수 없다'는 언설로 채워져 있다. 그러나 이 망언록은 그의 발언에서 출원한 것이 아니라 2007년 출간된 판타지 소설을 출처로 하고 있다.[10] 그가 여성부 장관(혹은 대표라는 모호한 직책)이며 이화여대 출신이라는 허위 사실도 그에 대한 무차별적 비난 담론의 구성과 재생산, 담론의 지지 여부를 결정짓는 중요한 기호들이었다. 이 모든 기호가 있어야만 구체적으로 상상한 여성 혐오 담론의 내용들을 손쉽게 '조작'할 수 있게 된다.

남성이 가지고 있어야 마땅한 자원을 여성이 아무런 대가도 치르지 않고 가져간다는 설정은 경제위기가 극복될 수 있을 것이라는 희망조차 남지 않은 상황에서 매우 효과적인 힘을 발휘한다. 여성은 남성을 착취하고 약탈하는 존재로 재현되고 이는 한국 여성이 비난받아 마땅한 가장 강력한 원인이자 근거로 작용하지만, 정작 경제위기를 극복하기 위해 가장 먼저 시행되는 것은 대대적

---

10 헤니르, 『뉴트럴3』, 스카이미디어, 2007.

인 여성 '표적' 정리해고였다.[11] 1997년과 2008년 두 차례에 걸친 경제위기 당시 우리 사회는 노동시장이 받은 타격을 여성들에게 집중시킴으로써 위기를 완충했으나, 여성의 높은 실직은 이제 성차별로도 포착되지 못한다.[12] 취업 시장에서 남자라는 성별 자체가 '스펙'이 될 정도로 차별은 노골화되었으나, 여기에는 짐짓 모르쇠로 일관한다. 그사이 한국 여자들은 군 장병에게 제공되는 '나라사랑 카드'의 혜택마저 빼앗은 이기적이고 몰염치한 자로 몰렸다.[13] 군 가산점 논란을 통해 가장 이익을 본 집단은 사실 여성이 아니다. 병역에 대한 합리적 보상 문제가 온전히 여성의 책임으로 전가된 바람에, 손도 대지 않고 코를 푼 국가와 사회다.

b. '무능하고 한심한 자'

남자들이 누려야 마땅한 과실을 무임승차로 앗아가는 이기적

---

11 "30대 여성 표적 실업", 《한겨레21》 745호, 2009. 4. 3.

12 배은경, 「'경제위기'와 한국 여성: 여성의 생애전망과 젠더/계급의 교차」, 《페미니즘연구》 제9권 2호, 한국여성연구소, 2009; 김인수, 「"임신출산 해고 37.3%… 성차별 심각"」, 《월간 국가복지정보소식》, 2009.

13 2013년 6월 초, "'나라사랑 카드'의 혜택을 폐지하고 여성에게도 생리 월급을 지급해달라"고 누군가 '국민행복제안센터' 홈페이지에 건의한 글이 화면 캡처 방식으로 대형 커뮤니티들에 등장했다. 많은 네티즌이 나라사랑 카드 혜택 축소의 원인으로 저 글을 지목했고, 여성을 향한 맹비난이 이어졌다. 그러나 건의 글의 작성 시점과 해당 홈페이지의 글쓰기 양식을 비교한 결과, 이는 조작된 게시물임이 밝혀졌다.

인 여자들에게 반드시 부착되어야만 하는 표상은 무능함과 무지함, 한심함, 어리석음 등이다. 경쟁 질서를 위반하고 반칙으로 끼어든 여성들이 유능할 경우, 그 논리적 완성이 좌절될 뿐 아니라 여성을 비난할 뚜렷한 단서도 찾지 못하기 때문이다. 직장에서는 무능하고 생활 세계에서는 한심하며 이성적이지 못해서 남에게 쉽게 선동당한다는 여성 유형은, 앞장에서 언급한 문화적 지형이 있기 때문에 가능해진다.

1980년대까지만 해도 여성이 공적 노동시장에서 노동자로 일한다는 것은 일부 직종에서만, 매우 예외적으로, 그것도 결혼 전까지만 일시적으로 허락되었다. '직장의 꽃', '김양' 혹은 '공순이'와 같은 말이 대표하듯 여성은 주변화된 노동자로 존재했다. 여성이 본격적으로 임금노동시장에 뛰어든 시점은 1990년대 들어서였다. 대기업인 삼성그룹이 대졸 여성을 대상으로 최초로 공채를 시작한 것은 불과 1993년부터의 일이다. 당시 사회는 여성도 능력만 있다면 얼마든지 남성과 동등한 경쟁력을 갖추고 직업적 성취를 얻을 수 있다고 독려했다.[14]

14　그러나 여전히 고학력 여성은 학원 강사, 학습지 교사, 보험 설계사로 일하는 경우가 대부분이었다. 특히 외환 위기 직후인 1999년 9월 여성 임시직 노동자의 비율은 전체 여성 노동자의 70.1%를 차지한다. 통계청, 『고용동향』, 1999. 9.

여성이 남성의 경쟁자가 될 수 있다는 '위기감'은 2000년대 들어서 여성의 사회적 성취가 어느 정도 가시화되고 각종 국가고시에서 여성 수험생들이 두드러지자 즉각 나타났다. 2000년대 중후반의 알파걸, 여풍女風, 골드미스 담론 등은 남성들의 불안을 바탕으로 여성을 견제하는 담론으로서 그 역할을 충실히 다했다. 여성 스스로 소비 능력을 갖추고 소비에 대한 욕망을 적극적으로 드러내기 시작하자 이번에는 '된장녀' 담론이 휩쓸고 지나갔다.

가치와 재화를 소비하며 개인의 정체성을 구현하는 소비사회에서 왜 유독 여성의 소비만 문제시되는가. 소비 욕망을 금기시하고 저축을 미덕으로 여기던 한국사회가 본격적으로 소비사회로 진입한 것은 1990년대다. 당시 신세대, 오렌지족, X세대 등으로 불리던 청년세대는 분수에 맞지 않는 소비를 하는 문제적 소비 주체로 여겨졌다. 엄혜진은 특정 집단의 소비 행태를 문제시하며 대상화·타자화하는 담론이 1990년대에는 청년을 향했던 것과 대조적으로, 2000년대 후반에 와서는 이런 타자화가 오롯이 여성을 향해 있음을 날카롭게 지적했다.[15]

15　엄혜진, 「신자유주의 시대 한국의 자기계발 담론에 나타난 여성 주체성과 젠더 관계: 1990년대 이후 베스트셀러 여성자기계발서 분석을 중심으로」, 서울대학교 협동과정여성학 전공 박사학위논문, 2015, 67쪽.

'88만원 세대'로 불리며 고통받는 세대로서의 청년은 온전히 남성만을 지칭하게 되었고, 여성은 그 고통과는 무관한 '된장녀'가 되어버렸다. 무능하고 한심한 여성 이미지는 여성의 소비라는 우회로를 거친 뒤 면밀한 엿보기를 통해 완성된다. 여성의 소비는 어리석은, 허황된, 분수에 맞지 않는, 따라서 남성에게 빌붙어 얻은 돈에 의한 것임이 틀림없다는 믿음으로 매도된다. 신자유주의적 사회 변화의 파장을 직격탄으로 맞은 여성의 고통은 이렇게 2006년 된장녀 담론에 의해 삭제되었다.

이제 남은 것은 여성에 대한 조롱과 멸시, 비웃음이다. 남성 커뮤니티들이 묘사하는 일터의 여성들은 거의 천편일률적으로 무능하다. 여성들은 원래 무능하거나, 알고 보니 무능하거나, 점점 무능해진다. 여성들은 업무는 뒷전인 채 온통 외모 꾸미기, '칼퇴근', 간식 먹기, 남 험담하기에만 관심이 쏠려 있다. 여성의 일거수일투족은 엿보기의 대상이자 '직장에 놀러 나온 여자' 이야기의 주된 소재로 쓰인다. 이야기 속 여성들은 애교와 외모를 무기로 남성 동료에게 기생하며, 자신의 무능함을 상쇄하고, 남성 화자를 유혹하기도 한다. 대형 남성 커뮤니티에서 '무개념 여직원'이라는 제목으로 동료 여직원의 일화를 13편까지 연재하며 인기를 끈 한 회원은 시간이 지날수록 지어낸 이야기가 아니냐는 의심을 받자 커뮤니티를 탈퇴했다.

이야기들은 익숙한 플롯을 반복한다. 마치 콩트처럼 짧은 분량 안에 엿보기의 대상인 여성을 등장시키고, 여기에 성적 감각을 덧입히며 주인공 여성이 얼마나 '무능하고 개념이 없는지' 경쟁적으로 묘사한다. 댓글을 남기는 회원들은 독자이자 구경꾼이며 이 콩트들의 공저자다. 중요한 것은 언제나 사실 여부가 중요치 않다는 점이다. 결국 이야기의 표면에 흐르는 논리의 중심은 여성은 공적 노동시장에 적합하지 않고 한심한 존재라는 주장을 강박적으로 재확인하는 것일 뿐이다. 이는 현재 우리 사회에 적재된 여성에 대한 비난도, 남녀 간 임금격차가 심각한 것도 다 이유가 있기 때문이라는 주장의 증거들로 수집된다.

c. '공동체 의식이 부재한 자'

생활 세계에서 마주치는 여성들을 대상으로 '공동체 의식이 부재한 자'의 단서를 찾는 일은 그 일화를 셀 수 없을 만큼 다양하다. 이를 확인하고 싶으면 페이스북의 김치녀 페이지에 접속하면 된다. 익명의 타자를 대상으로 한 무차별적 포착이기 때문에 때로는 단 한 줄의 제목, 단 한 장의 사진만으로도 담론을 형성하는 데 지장이 없다.

한때 여러 커뮤니티에서 칼로 절반씩 잘라놓은 도넛 여러 개가 상자 안에 담긴 사진 딱 한 장만이 실린 게시물이 이곳저곳 떠돌왔다. 본문에는 어떤 설명도 없고 그저 "여직원들에게 도넛 한 판 사줬더니"라는 제목이 전부였다. 많은 사람들이 '다이어트를 핑계로 음식을 제대로 먹지도 않고, 사준 사람의 성의를 무시하는 여직원들'을 힐난했다. 그러나 해당 도넛 사진을 구글 이미지 검색 서비스로 검색해보면, 사진의 출처는 엉뚱하게도 외국의 한 유머사이트인 것으로 나타났다. 여직원들에게 도넛을 사준 사람도, 도넛을 먹은 사람도 없다. 이 사건은 여성을 원색적으로 비난한 댓글을 모아 "사진 한 장으로도 여성 혐오가 가능"이라는 게시물이 만들어지면서 폭로되었다.

때론 증거도 필요 없다. '피자를 들고 만원버스를 탄 여성이 피자 박스를 떨어뜨리는 바람에 피자가 굴러다니며 사람들의 신발을 더럽히고 있는데 그 여자는 모르는 척한다'는 이야기를 내가 즐겨 찾는 게시판에 제보하면 된다. 거짓말임을 의심받으면 삭제하면 된다. 버스와 지하철, 도서관, 거리, 식당, 영화관… 광범위하고도 무차별적으로 수집되는 사진들이 모여 만들어진 이 거대한 포토콜라주들은 우리의 집단적 무의식 사이를 흘러 다니며 한국 여성이 얼마나 시민적 덕성이 부족하고 공적 주체에 적합하지 않은 존재인가를 확인시켜준다.

이 유형은 2005년 6월 발생한 '개똥녀' 사건에서부터 출발했다. 이 사건은 한국사회에 최초로 등장한 온라인 마녀사냥의 원형이자, 이제 여성 혐오의 표적 집단에 여성부나 페미니스트가 아닌 '일반 여성 개인'까지 포함될 수 있음을 알린 징후적 사건이었다.[16] 그 뒤로 10년이 흘렀고 '충분히 혐오할 만한' 여성을 반드시 찾아내야만 한다는 압박감은 대단히 병리적으로 발전했다. 언제나 그렇듯 진위 여부는 중요하지 않다. 필요한 것은 '명불허전 김치녀'를 우리의 무의식 속에 단단히 고정시켜줄 이미지 자체이기 때문에, 공들여 이야기를 각색하면 그만이다.

여러 커뮤니티에서 한때 논란이 된 일명 '가디건 사건'을 보자. 누군가 자전거를 타다 크게 다치자 응급처치를 해주던 행인은 마침 주변에 있던 여성에게 지혈을 위해 겉옷을 빌려달라고 요청했으나, 그 여성은 끝내 자신의 옷을 빌려주지 않고 사라졌다는 것이 해당 글의 요지였다. 글의 제목은 '그 여자는, 사람 치료보다 옷이 더 소중한가 보네요'였다. 그러나 며칠 후 당시 현장에 있었던 사람의 증언으로 밝혀진 사실은 정반대였다. 바이크에 치여 다친 노인은 주위에 있는 여성 라이더가 벗어준 겉옷으로 무사히 지혈

---

16 해당 여성에게 가해진 가공할 만한 폭력에 나라가 떠들썩했고, 해외에서도 심상치 않은 관심을 보였다. 이 사건을 둘러싼 각 나라 블로거들의 갑론을박이 《워싱턴포스트》지에 자세히 보도되었다. 온라인 백과사전 《위키피디아》 영문판에 'Internet vigilantism(인터넷 자경주의)' 항목의 주요 예시로 'Dog-poop Girl(개똥녀)' 사건이 실리는가 하면, 조지 워싱턴 대학의 어느 법대 교수는 개똥녀 사건에서 영감을 받아 책(다니엘 솔로브, 『인터넷세상과 평판의 미래』, 이승훈 옮김, 비즈니스맵, 2008)을 집필할 정도였다.

을 받고 병원에 실려 갔다. 피 묻은 '가디건' 사진도 함께 올라왔다.

여성이라는 기표에 대한 반응은 즉각적이고 신속하다. 거푸집에 들어맞지 않는 여성의 존재는 악의적인 각색을 거쳐서라도 기어이 저지해야만 하는 도전적 존재다. 여성의 도움으로 누군가 위급 상황을 벗어났다는 소소한 미담은 위험한 상황에 처한 타인을 돕지 않는 젊은 여성의 '시민 의식 부족'을 문제 삼는 정반대의 글로 둔갑했다. 위의 게시물을 작성한 글쓴이는 그동안 여자 친구, 동료 여직원 등을 부정적으로 묘사한 상당수 글의 사실 여부까지 의심을 받자 해당 커뮤니티를 탈퇴했다. 문제가 된 회원이 작성한 글의 내용은 전형적인 여성 유형 안에 모두 해당한다. 이기적이고, 개념이 없으며, 무고한 남성을 곤란에 빠뜨리는 여성, 그리고 성적으로 방종한 여성이다.[17]

d. '성적으로 방종한 자'

여성이 성적 욕망을 가진 주체가 되기 위한 투쟁은 그 역사가 깊고 언제나 기존 사회질서와 충돌해왔다. 1990년대 대학가를 중

—
17 '여자 친구의 성기에서 악취가 난다', '여자 친구가 더러운 속옷을 입고 다닌다', '신입 여직원이 노래방 도우미 아르바이트를 한다', '결혼식 축의금을 대신 내달라고 부탁한 여성 지인이 수수료 500원을 떼고 송금해왔다', '남녀공용 화장실을 이용한 친구가 무고하게 성추행범으로 몰렸다'는 등의 글을 올렸다.

심으로 한 성정치 투쟁이 지나간 2000년대 초중반, 젊은 여성들은 소비와 경제, 문화적 주체로 부상했을 뿐 아니라 스스로 성적 욕망을 지닌 성적 주체임을 숨기지 않았다. 2000년 미국 시트콤 〈섹스 앤 더 시티〉[18]가 국내에 처음으로 방영되기 시작하면서 여성 시청자들은 섹스와 패션, 여자들 간의 우정의 속살을 과감히 드러낸 이 '언니들'에게 열광했고, 곧이어 "너무 오래 굶었어"라는 대사를 통해 거침없이 성적 욕망을 드러내는 공중파 드라마 속 30대 여주인공에게 최고 시청률로 화답했다.[19]

그러나 이는 잠시뿐이었다. 여성의 성적 욕망과 외모 관리 등을 둘러싼 섹슈얼리티 실천이 단순할 리 없다. 여성성을 제거하고 남자처럼 승부해야 일에서 성공을 거둘 수 있다던 과거와 달리, 이제 여성의 외모와 성적 매력은 취업, 연애, 인간관계 등 모든 영역의 성패를 좌우하는 자산 가치의 최종 심급이 되었다. 여성의 신체를 한 치의 오차 범위도 허용치 않는 잣대로 세세히 검열한 뒤 여성들로 하여금 거의 목숨을 걸고 성형수술과 다이어트를 하도록 주

18　HBO가 제작한 〈섹스 앤 더 시티〉는 국내 유료 케이블 방송채널인 캐치온에서 2000년 처음으로 제한적으로 방영되었다. 이후 OCN(2002년)과 온스타일(2004년)이 차례로 방영하면서 큰 인기를 끌었다.

19　2005년 6월 MBC에서 방영한 미니시리즈 〈내 이름은 김삼순〉은 2005년 최고 시청률인 50.5%를 기록했다.

문하지만, 돌아오는 화살은 '성괴(성형 괴물)'라는 딱지다. 이들의 외모 관리는 자산 가치를 높여 돈 많은 남성에게 '취집(취업으로서의 시집 가기)'하려는 전략, 또는 남성을 유혹해 개인적 이기심을 충족시키기 위함이므로 매도당해 마땅하다. 미혼 여성의 성적 실천은 '낙태충'이라는 말로 통제당하며, 여성의 해외여행이나 어학연수는 곧 성적으로 방종한 여자일 것이라는 상상으로 귀결된다.

여성이 성적 욕망을 실현하려면 기꺼이 자기 자신이 성적 욕망의 대상이 되어야 하는 이중성은, 여성에 대한 사회의 이중 규범을 통해 여성의 주체적 의지는 지우고 여성의 성적 대상화만 남길 위험에 언제든지 노출시킨다.[20] 또다시 여성의 일거수일투족을 관찰한 후 내린 결론은, 굳이 짧은 치마를 입고 계단에서 가방으로 다리를 가리는 한국 여자들의 이중성에 대한 강도 높은 비아냥이다.

---

20 엄혜진, 위의 책, 245쪽.

삭제된 여성들과
훼손된 '개념녀'

이 같은 여성 혐오 현상에 대한 논의에서 상당 부분 누락된 것은 이처럼 여성을 총체적으로 비난하고 조롱한 결과 나타난 효과다. 여성은 '할 것 다 하고 쓸 것 다 쓰는 된장녀'이기 때문에 '고통받는 청년 세대'에 끼지도 못한다. 여성들이 생활 속에서 실제로 느끼고 체감하는 고통의 생생한 단면들, 그들의 고군분투는 거의 드러나지 않는다는 점에서 비극적이다. 여성의 신체는 여성 혐오 담론과 매분 매초 일상적으로 대결한다. 아침에 눈을 뜨고 저녁에 눈을 감을 때까지 온 사회가 나서서 여성인 나를 손가락질하는 것은 나의 삶 자체를 결박한다. 그사이 나는 내게 주어진 과업들을 고독하게 수행해야 한다. 한 여자가 남자 친구에게 살해된 뒤 시멘트에 묻혔다는 식의 기사를 거의 매일같이 접하면서도 나와 같은 처지의 여자들에게 '안전 이별' 방법을 묻는 것 외에 할 수 있는 일이 별로 없다.

모두가 젊은 여성들을 관찰하고 엿보고 있지만, 정작 여성이 무엇을 욕망하고 이 우울한 세계를 어떻게 견디는지, 왜 120만 원의 월급을 받으면서 20만 원짜리 뮤지컬 티켓을 사는지, 왜 고양이의 병원비를 충당하기 위해 마이너스 통장을 뚫는지 우리 사회는 알지 못한다. 알기 위해 노력하는 것보다 '어차피 취집이 목적이기 때문에 결혼할 때 3000만 있으면 되는 것'이라고 매도하는 것이 훨씬 쉽다. 2011년 7월, 한 교양다큐 프로그램[21]에 출연한 여성의 발언이 악의적으로 왜곡되어 엄청난 비난을 받은 사건은 여성 혐오 담론이 여성의 고투苦鬪를 지우는 방식을 잘 보여준다. 해당 출연자는 등록금 인상 반대 시위를 보며 "결혼이요? 뭐 능력 좋은 남자 빨리 만나서 학자금 대출도 갚아주고 또 나까지 책임져줄 수 있으면 상관없는데, 그런 게 아니잖아요. 그리고 결혼을 생각할 여유가 없을 것 같아요. 등록금 시위 하고 있는 저기 저 학생들도요. 같은 처지니까…"라며 자신의 생애를 담담히 전망한다. 그러나 온라인 공간에서는 "능력 좋은 남자 빨리 만나서 학자금 대출도 갚아주고"라는 자막 한 토막만 떠도는 바람에 그의 발언이 정반대의 맥락으로 왜곡됐다. 출연자에 대한 거센 비난은 물론이고, 이 사진의 연관검색어는 '김치녀'가 되었다.

또 비어 있는 논의는 현재의 '여성 혐오' 현상을 이끄는 담론의 강박적 성격에 대한 것이다. 평범한 도넛 사진 한 장을 보는 순간 머릿속에 '여직원들'이라는 기표를, 도넛을 사주는 '남성 자신'이라는 기표를 떠올린 후 거짓 게시물을 올리게 만드는 이 절박함은

---

21 "노처녀가老處女歌", 〈MBC스페셜〉 524회, 2011. 7. 15.

무엇일까. 기어이 여성을 혐오하도록 만들기 위해 사진을 이어 붙이고, 자르고, 합성하고, 글을 올리는 수고로움을 감수하게 만드는 이 병리성은 무엇일까. 타인의 인정과 관심을 받기 위해 온라인 공간에서 흔히 행해지는 의례라고 여기는 관습적 사고로는, 결코 현상의 본질에 가닿지 못한다. 게다가 이 담론을 소비하는 남성 사이에 계급을 비롯한 사회적 차이는 그리 중요해 보이지 않는다는 점 또한 쉽게 간과되고 있다.[22] 권력과 자원이 부족한 낮은 계층의 남성이 주로 여성을 증오하는 것은 아니며, 정치적 성향에 따라서도 크게 달라지지 않는다. 이 때문에 최근의 '여성 혐오' 현상이 높은 청년 실업률이나 신자유주의의 확산에 의한 남성의 좌절에 의한 것이라는 결론은 섣부른 단정이다.

나는 여기서 이른바 '개념녀'의 의미가 훼손되어온 과정을 우회로로 삼아, 우리 사회가 김치녀라는 판타지만 남겨둔 채 정작 다양한 여성 주체들은 체계적으로 망각하고 있다는 단서를 찾고 싶다. 어떤 여성은 삭제되고, 어떤 여성의 '유형'만이 남겨졌다. 언젠가부터 '개념녀'는 '탈김치녀'와 함께 '김치녀'의 반대 의미로 쓰이

---

22 2012년 12월, 신용카드 회사의 사장이 자신의 트위터에 '여성보다 남성의 식당과 카페의 카드 사용률이 더 높다'며 '불쌍한 남자들 언제까지 이러고 살 건가'라는 농담조의 글을 남겼다. 이 글 역시 여성에게 착취당하는 남성 이미지의 자장 안에서 쓰였다.

고 있다. 여성이 가진 온갖 나쁜 습속을 겸허히 인정하고 그런 여성을 훈계함으로써 자신은 그런 여성과 구별되길 바라는 이 '개념녀'가 어디에서 출원했는지를 상기해보자. 언젠가부터 우리가 함구하기 시작한, 그러나 분명히 일상의 정치와 감성의 정치 방식이 한국 사회에 가능하다는 것을 처음으로 알린 '2008년 촛불' 광장이 떠오를 것이다.

주지하다시피 당시 광장의 가장 놀라운 풍경은 여성들의 등장이었다. 10대 소녀들이 맨 처음 촛불을 점화하더니, 패션 커뮤니티의 젊은 여성들은 최초로 신문 광고를 내면서 촛불을 견인했다. 주부들은 아파트에 정권 반대 현수막을 내걸었다. 패션, 화장, 성형, 요리 커뮤니티 깃발을 들고 나온 젊은 여성들은 그동안 자신들에게 부착된 '된장녀'와 같은 부정적 언설을 '배운 여자', '개념 있는 훈녀', '개념녀'라는 자기 선언으로 교체했다.

그동안 젊은 여성은 한 번도 시민으로 기입된 적 없는 우리 사회의 '투명인간'이었다.[23] 이 여성들이 거리로 쏟아져 나왔고 가장 비정치적인 주체로 여겨졌던 자신들에 대한 사회적 인식을 순식간에 전복시켰다. '어머니'나 '노동자', '노동자의 아내'와 같은 정체성의 경유 없이 젊은 여성이 맨몸으로 공적인 주체임을 드러내는 것

---

23   "반가워, 2030녀의 '팬질 정치'", 《한겨레21》795호, 2010. 1. 18.

은 당시 한국사회가 상상하지 못한 장면이었고, 따라서 이 여성들을 해석할 언어는 많지 않았다. 우리 사회가 그들을 보며 느꼈던 혼란과 놀라움은 그동안 다 함께 비웃어온 '된장녀'의 실체가 알고 보니 이 '개념 있는 훈녀'였다는 충격에서 기인할지도 모른다. 여성들에 대한 상찬과 젊은 남성에 대한 꾸짖음이 이 충격을 다소 수습해주었다.

문제는 그 후에도 이어졌다. 잠재적인 나의 여자 친구, 미래의 아내, 장차 내 아이의 어머니가 되어줄 사적 존재로만 여겼던 여성들이 '투쟁이 끝난 후' 조용히 사적 영역으로 되돌아가 정치적 담론장에서 아예 사라지거나 정치의 주변을 맴도는 외부자로 머물지 않은 것이다. 여성들의 꾸준한 정치 실천은 한국사회의 긍정적인 변동 지수로 환영받았다. 많은 사람이 20~30대 여성들을 탁월한 정치적 감수성을 지닌 유권자 집단으로 주목했다.[24]

이른바 '나꼼수 열풍'으로 설명할 수 있는 2011년, 나꼼수 멤버들에게 가장 열광적인 지지와 참여를 보낸 것도 젊은 여성들이었다. 그러나 '정치적으로 각성된 남성'과 '계몽의 대상인 일반 여성'이라는 관습적 구도는 그리 쉽게 깨지지 않았다. 나꼼수 신드롬

---

24   "'세상을 바꿔!' 30대 여성이 나섰다", "반MB·반한나라 정서 진원지 추적하니 '30대 여성'", "反MB·反한나라' 30대 여성은 SNS로 통한다", 《주간경향》 960호, 2012. 1. 31.

이 절정에 달하던 그해 12월에 나꼼수 멤버 중 한 명은 잡지와의 인터뷰에서 '나꼼수를 들으며 20~30대 여성들이 정치에 눈을 뜨기 시작했다'는 발언을 해 빈축을 사기도 했다.[25]

해석하기 어려운 여성 주체의 두 번째 등장까지는 오랜 시간이 걸리지 않았다. 2012년 초, '나꼼수-비키니 사건'에서 우리가 목격한 것은 성적 주체와 정치적 주체의 합일을 실험한 여성들의 등장이다. 앞 절에서 언급했던 성적 주체로서의 이중적 딜레마, 즉 여성인 나의 성적 욕망을 실현하기 위해 기꺼이 나 자신이 성적 욕망의 대상이 되어야 한다는 이 곤란한 과제가 뜻밖에도 정치의 장에서 실험된 것이다. 이 사건은 미디어 안에서 경합하는 젊은 여성의 몸과 정치적 주체성에 대한 복잡한 질문을 남겼으나, 아쉽게도 나꼼수 측이 사과를 하느냐 마느냐에 따라 지지와 비판 구도가 세워지는 쪽으로 성급히 봉합되었다.[26]

이제 시작된 것은 본격적으로 여성의 주체성을 삭제하는 작

---

25 "여성들이 압도적으로 많았어요. 팬 사인회 때 보니까 20~30대 여성이 가장 많더군요. 이제 정치에 눈을 뜨기 시작한 거죠. 정치가 남성의 영역이고, 또 재미없고 굉장히 복잡할 줄 알았는데 나꼼수를 보면서 생각이 달라진 겁니다. (…) 아주 좋은 흐름이라고 봐요." 《인물과 사상》 2011년 12월호(통권164호), 28쪽.

26 자세한 논의는 다음 글을 참조. 김수진·엄혜진·윤보라·김원정, 「농담과 비키니, 나꼼수 사건을 바라보는 조금 다른 시선」, 《페미니즘 연구》 제12권 1호, 2012.

업들이다. 2012년 4월, 19대 총선 개표가 끝나자마자 갑자기 SNS
를 중심으로 20대 여성의 투표율이 8%라는 괴소문이 나돌았다.
2010년 지방선거에서 외모 관리 커뮤니티의 여성 회원들이 'No
Vote, No Kiss(투표 없이는 키스 없다)'라는 투표 참여 독려 운동을 벌
이며 주목받은 지 불과 2년 뒤에 이런 루머가 만들어진 것이다. 신
드롬에 가까웠던 나꼼수 현상에도 불구하고 야당은 당시 총선에
서 사실상 패배했다. 몇 달 뒤 발표된 중앙선거관리위원회의 자료
에 따르면 정작 20대 후반 여성의 투표율(39.5%)은 같은 기준 남성
(36.3%)보다 높았다.

그해 ○○녀들의 범람은 어쩌면 필연적 현상이었을지도 모른
다. 일베 현상이 한국사회를 휩쓸기 직전, 마치 징후처럼 나타났던
이 현상은 개인 여성 모두를 호명함으로써 역설적으로 여성 주체
들의 난립을 저지하는 전략과도 같았다. 남성은 보편이고 여성은
특수하다. 남성과 달리 여성은 반드시 여성(女)으로 호명되어야 한
다. 세대, 직업, 취향을 한데 묶어 여기자, 여검사, 여대생으로 특수
화한 과거의 관습적 호명으로는 도저히 감당할 수 없는 여성들이
등장하자 궁여지책으로 마련한 것이 ○○녀들이다. 긍정적이든 부
정적이든 눈에 띄는 모든 개인 여성들에게 무차별적으로 ○○녀 딱
지를 붙임으로써 해석할 수 없는 여성들이 나타날 때마다 겪을 난
감함을 돌파하는 것이다. ○○녀 현상이 제 몫을 다하고 그 기세를

멈춘 것은 '김치녀'의 등장으로 이 모든 여성들을 한 단어로 통칭할
수 있게 된 뒤였다.

'드립'의 정치학과
벌거벗은 임금님들

한국사회의 빠른 변동은 기존의 젠더 질서를 포함해 정치, 경
제, 사회문화 전반에서 일어나고 있다. 이때 온라인 공간은 지난 20
여 년간 젠더 정체성을 형성하는 주요 공간이다. 남성성과 여성성
에 대한 우리의 지식과 믿음, 이를 받아들이는 정서 등을 모두 포괄
하는 의미로서 젠더 체계가 요동하는 가운데, 여성과 남성 모두 혼
란스럽기는 마찬가지일 것이다. 적어도 지금 보기에는 남성성을
둘러싼 혼란을 여성에 대한 극단적인 타자화로 극복하려는 것처럼
보인다. 여성을 욕망하면서도 이 여성들을 모두 '김치녀'로 만든 매
트릭스 안에서는 남성성을 재구성하거나 협상할 만한 어떤 여지도
들어설 자리가 없어 보인다.

지금 상황이 원하는 것은 한국 여성 모두를 '탈김치화'시키는
것일까. '현대 한국 여자'가 문제라면, 여성이 여성다웠던 과거의 어
느 시절로 회귀하고자 하는 것일까. 그러나 그런 시절은 존재하지

않으며, 자신들이 원하는 것처럼 여성들의 '탈김치화' 역시 불가능하다는 것을 모두가 알고 있다. 그렇기 때문에 조작에 대한 침묵과 방관 속에서 이들은 벌거벗은 임금님이 되어 더욱 절박하게 '김치녀' 판타지를 소비한다. 어차피 불가능하다는 것을 알고 있으므로 '김치녀'에 대한 상상력은 오히려 더욱 극단으로 뻗어나갈 수 있다.

이 벌거벗은 임금님들의 상상력을 한번 뒤집어 보자. 젠더 관계에 근거하는 많은 사회문제가 이들의 역발상 안에 다 들어 있다. 예를 들어, 현재 성폭력 문제의 심각성이 임계치에 다다랐다는 신호는 '사사건건 성희롱을 빌미 삼아 잡음을 일으키는 여직원', '술에 취해 자세가 흐트러진 여성 지하철 승객', '성폭력 위험에 처한 여성을 구해주었다가 도리어 봉변당한 사연' 등의 복사본으로 정확히 반증反證된다. 여성에 대한 임금 차별의 골이 깊어질수록 '무능한' 여성 이미지는 더욱 정교해진다. 때때로 '루저녀'[27]를 소환해 분노를 되새김질하는 것은, 자신들이 그동안 여성의 외모를 머리부터 발끝까지 평가하고 가치를 매겨온 행위가 주체를 위협할 뿐 아니라 개인의 존엄성마저 해친다는 것을 누구보다도 이들 스스로가

---

27 2009년 KBS의 예능프로그램《미녀들의 수다》에서 "내 키가 170cm라서 180cm 이상의 남자를 원한다", "키는 경쟁력이다. 키 작은 남자는 루저라고 생각한다"라고 발언한 여대생에게 붙여진 이름이다.

잘 알고 있음을 나타낸다.

최근 한 대형 여성 커뮤니티 회원들이 다른 커뮤니티 내에서 몰래 음란 사진을 게시하고 온갖 불법 정보를 공유하며 자료 조작을 일삼았다 하여 네티즌들의 뭇매를 맞은 사건이 있었다. 각종 커뮤니티 사이에서 일어나는 크고 작은 소음과 분란, 전투와 대첩의 역사, 준법의 테두리를 넘나드는 게시물 실천은 온라인 생태계의 속성 자체를 반영할 만큼 방대하고 뿌리가 깊다. 게다가 당장 클릭 몇 번이면 미성년자 성매매 후기, 공공장소에서 몰래 찍은 여성의 신체 사진, 불법 거래, 명예훼손, 저작권법 위반 사례 등을 찾을 수 있다는 것을 누구나 알고 있다. 그럼에도 짐짓 준엄한 얼굴로 여성 네티즌들의 윤리성을 문제 삼아 꾸짖는 모습은, 알몸으로 거리를 행차한 임금님과 보이지 않는 옷에 환호하는 행인들의 모습처럼 기묘하다.

살펴보아야 할 것은 누가 어떤 맥락에서 이 사건을 '사건화'하는가, 그리고 이들을 "'단죄'함으로써 얻고 싶어 하는 어떤 결과"[28]다. 일단 도덕적 심판을 통해 해당 여성 커뮤니티를 온라인 사회에서 따돌리는 데에는 성공했다. 여성 혐오 담론에 문제 제기하는 여성들이 등장하면 해당 커뮤니티 회원으로 몰아세우자는 집단적 약

---

28 성상민, "다음 카페 '여성시대' 논란이 던진 긴급한 메시지", 《미디어스》, 2015. 5. 22.

속도 만들어졌다. 가장 익숙한 방식의 타자화다. 이제 여성 네티즌들에게는 '우리(나)는 그 커뮤니티의 회원이 아니다'라는 것을 항변해야 하는 과제까지 추가되었다.

이토록 오랫동안 여성 혐오 담론을 적재하는 것이 과연 쉬운 일이었을까. 여기서 오는 긴장과 피로함은 없었을까. 여성 혐오 담론의 강박성과 병리성이 잘 드러나지 않은 가장 큰 이유는 '유머'와 '드립'이라는 가장 막강하고도 안전한 방패 덕분이다. 여성 혐오 담론에 대한 우려와 조작 자료에 대한 문제 제기는 유머에 대한 과잉 반응으로 차단당한다. 일베 현상에 사회가 몸살을 앓았던 당시, 많은 사람이 일베의 논리를 '루저들의 배설'로만 치부했다.[29] 그러나 일베가 정확하게 뒤집은 명제가 이것이다. 그들의 가장 강력한 이데올로기는 바로 배설을 통한 유머와 드립이며, 이는 비단 일베에만 국한되는 것이 아니다.

앞서 살펴본 바와 같이, 김치녀에 대한 판타지를 계속해서 구축하려면 조작과 자작을 피할 수 없다. 이 사이의 불완전성과 모순을 채워주는 것이 향락의 언어다. 이도 저도 안 되면 '드립'이고, 이 드립은 재미가 있는 한 온라인 공간 안에서 절대 기각되지 않는다.

---

29 "['일베 현상'에서 한국사회를 본다] 일베가 세력화하기엔 통일된 이념이 없다, 그들은 배설을 할 뿐", 《경향신문》, 2013. 6. 6.

현재의 무차별적 여성 혐오 담론의 핵심은 그 내용에 있을 뿐 아니라, 내용이 거주하고 있는 표면, 즉 쾌락의 언어에도 존재한다.[30]

이제 유머와 '드립력'은 온라인 공간에서 주체의 우월성을 확인하고 권력을 분배하는 최종 심급이 되었다. 타인의 웃음을 자아내는 것이 능력이자 권력이 되었을 때 이 권력을 취득하는 방법은 두 가지다. 남을 웃기거나, 아니면 남에게 웃어주지 않으면 된다. 끝 간 데 없는 향락적 언어들은 웃어주지 않음으로써 권력을 가지려는 자와 기어이 웃음을 자아내어 권력을 가지려고 하는 자 사이에서 출원한다. 따라서 '노잼(재미없음)'이라는 말은 상대방의 언어를 차단하는 가장 효과적인 공격이 되었다. 불현듯 나타난 '메르스 갤러리(메갤)'를 보고 당황한 남성 유저들의 언설을 보자.[31] '메갤'에서 시도된 여성들의 패러디를 처음 본 그들이 가장 먼저 보인 반응은 '여성들이 저런 (고난이도) 드립력을 갖고 있을 리 없으며 따라서 남성들이 여성인 척 가장해 논란을 이끌고 있다'고 굳게 믿는 것이

---

30 김수진·윤보라, "일베가 능욕당한 국가를 구한다?", 《르몽드 디플로마티크》 68호, 2014. 4. 28.

31 디시인사이드(www.dcinside.com)에 개설된 메르스(중동호흡기증후군) 관련 갤러리. 2015년 6월 초, 메르스 환자와 접촉이 의심되는 한국 여성 두 명이 홍콩에서 격리되는 과정에서 남성 유저들에 의해 '김치녀'로 매도되자 여성 유저들이 여성 혐오 담론을 빗대어 남성을 조롱, 격하, 비난하는 게시물을 폭발적으로 올리는 일이 발생했다.

었다. 일단 사건을 조기 진화해 웃음의 권력이 여성에게 배당되는 것을 차단하고자 한 것이다. 그런데 아이러니하게도 그동안 온라인 공간 안에서 이른바 '넷카마'[32]를 일삼으며 여성들은 죄다 '김치녀'라는 판타지 구축에 일조해온 것이 누구였는가.

왜 웃음이 최종 심급이 되었고, 왜 혐오할 만한 여성들을 강박적으로 만들어내야만 하는지, 우리는 아직 그 답을 모른다. 우리가 처한 어려움은 지금의 여성 혐오 담론의 언어가 펼치는 에너지가, 한국사회의 역동하는 젠더 변동에 대한 토론의 가능성을 원천적으로 봉쇄한다는 것이다. 이 봉쇄된 공간에서 반복되는 것은 맨몸으로 주체의 위치에 서고자 한 여성들을 저지하는 투쟁과 여성에 대한 전면적 타자화다. 그럼으로써 이들이 여성을 결박시켜두고자 하는 위치는 어디인가. 결박을 거부한 여성들의 현 위치는 어디이며 이들은 어디로 이동하려는 것인가. 아마도 우리가 답해야 하는 것은 이 질문일 것이다.

—

32 '넷(net)'과 일본어로 여장남자를 뜻하는 '오카마'의 합성어. 인터넷에서 여성인 척하는 남성들을 일컫는다.

주체화, 호러, 재마법화

임옥희

임옥희

경희대학교 후마니타스 칼리지에서 인문학을 가르치고 있다. (사)여성문화이론연구소에서 여성문화이론지《여/성이론》을 발행하며 페미니즘 이론을 알리고 새로운 시각에서 이론을 생산하기 위한 활동을 하고 있다. 지은 책으로『주디스 버틀러 읽기: 젠더의 조롱과 우울의 철학』,『채식주의자 뱀파이어』,『발레하는 남자, 권투하는 여자』,『타자로서의 서구』, 함께 쓴 책으로『페미니즘과 정신분석』,『다락방에서 타자를 만나다』『한국의 식민지 근대와 여성공간』등이 있고, 옮긴 책으로『무성애를 말하다』,『유리천장을 부숴라』,『니체가 눈물을 흘릴 때』,『고독의 우물』등이 있다.

혐오,
주체화의 열정

공포와 분노, 염려와 피로, 애도와 불안을 넘어 이제는 혐오의 시대라고 한다. 인간에게는 무수한 감정들이 있음에도 유독 혐오 감이 지금 부각되는 이유는 무엇일까? 시대 변화에 따라 감정 구조도 변한다면, 개인적 감정이 사회적 변화에 어떤 영향을 미칠 수 있는가? 우리가 감정자본주의 시대를 살고 있다면, 혐오감 또한 계산해 자본화할 수 있다는 말인가? 혐오감과 젠더 정치 사이에는 어떤 관계가 있는가?

자본주의는 시장의 교환가치에 모든 것을 종속시켰다. 그 점은 새삼 언급할 필요조차 없다. 인간의 혈관에 '피'가 아니라 '돈'이 순환하는 시대에 존재와 사물이 지닌 고유한 가치(사용가치)는 삭제된다. 시장경제에서 인간은 '태생적으로' 가치 있는 존재가 될 수 없다. 자본주의의 시장 질서는 혈통과 신분에 바탕한 고귀한 가치를 탈신비화시킨다. 그래야 등가교환이 가능해진다. 모든 인간에게는 양도할 수 없는 본래적 가치가 있다는 천부인권이 선언된 시대에, 오히려 자신의 교환가치를 입증하지 않는 한, 인간에게 주어진 어떤 (사용)가치도 없다는 아이러니와 마주치게 된다.

모든 것이 등가치로 교환됨으로써 깊이를 상실한 시대에 신비와 경이감은 살아남기 어렵다. 자본주의는 경이감의 아우라를 벗겨내고 냉혹한 계산이라는 '차디찬 얼음물'에 모든 것을 집어넣었다. 파렴치하고 노골적인 계산과 이해관계가 지배하게 됨으로써, 고전적인 기준으로 보자면, 자본주의는 야비한 탐욕, 천박한 이윤 추구, 뻔뻔한 배신(혹은 계약) 등을 합리화해 시장의 회로 속에서 순환시켰다. 이렇게 추한 감정들을 추구할 만한 새로운 가치로 역전시켜놓았다는 점에서 자본주의는 과히 혁명적이었다.

이처럼 노골적이고 세속화된 '탈마법화' 시대에 '몫 없는 자'들은 자신의 몫을 챙기려고 '분노라는 투자금'[1]을 예치해뒀다가 지

---

1 Peter Sloterdijk, *Rage and Time: Psychopolitical Investigation*, trans. Mario Wenning,

배계급에 도전함으로써 분배 정의라는 배당금을 받고자 했다. 아이 패고 마누라 잡고 술집에서 행패부리는 데 사용했던 분노의 불길이 어디로 향하는가에 따라 분노의 용도는 달라진다. 성난 인민의 분노가 정치적으로 조직되었을 때, 지배계급은 경멸했던 인민에게 잡아먹힐까 봐 두려워한다. 계급사회를 개혁하려는 인민의 분노에서 좌파들이 혁명적 정치성을 읽어낸 것도 그 때문이었다.

계급 불평등을 어느 정도 무마시켜준 것은 소비에서의 평등이었다. 하지만 소비가 주는 행복감도 잠시, 글로벌 자본주의 아래 사람들은 삶의 속도전에 내몰리게 된다. 글로벌 자본주의의 지정학적 분업 아래 살아가다 보면 인간의 감각 지각 또한 파편화되고 분열된다. 정보 소통 테크놀로지의 엄청난 발전으로 유저들은 온·오프라인의 공간지정학적 경계를 넘나들면서 인격을 분리시킨다. 인격의 통일성은 더 이상 미덕으로 간주되지 않는다. 살벌하게 경쟁적이고 굴욕적인 일상을 견디는 방식이 어딘가, 누군가에게 자기혐오, 비루함, 억울함, 불만, 짜증을 부려놓는 것이다. 그래야 다음 날 말짱한 것처럼 다시 시작할 수 있다. 견딜 수 없는 일상을 견디게 해주는 것이 자기 분열이다. 현란한 다중 인격을 그린 드라마 〈킬미, 힐미〉(MBC, 2015)에서처럼 적어도 순간순간 바꿀 수 있는 일

—

Colombia University Press, 2012.

곱 가지 인격쯤은 지녀야 '우리'는 살아남을 수 있다. 다중 인격은 혼돈과 현기증을 유발하는 것이 아니라 생존에 필수적이다.

비정규직이 대세가 되어가는 신자유주의 시대, 노동 습관은 탈부착이 자유로워야 한다. 장기 지속적인 가치는 없애고 신속하게 이윤을 회수하는 것이 목적인 마당에 장기에 걸쳐 습득되는 노동 습관은 불편한 것이 된다. 고용 유연화에 따라 해고와 고용이 되풀이되는 상황에서 한 가지 일에만 적합한 근육과 영혼을 만들어 놓으면 노동시장에서는 부적격자가 되게 마련이다. 빠올로 비르노는 그것을 '습관을 갖지 않는 습관'[2]이라고 말한다. 예측 불허의 상황에 신속하게 대처할 수 있는 순발력, 직장을 옮겼을 때 재빨리 적응하는 적응력, SNS 활용과 접속에 능통한 인지력, 이곳의 규칙과 저곳의 규칙 사이의 신속한 호환력. 한마디로 요약하자면 신자유주의 시대의 프레카리아트들은 고용 유연화라는 말이 사실상 의미하는 실직에 대한 불안과 불확실한 미래에 대비하는 방어기제로서 호환 가능성을 극대화해야 한다. 드라마 〈직장의 신〉(KBS2, 2013)에서 미스 김은 수십 개의 자격증을 가지고 상황마다 대처한다. 그 정도는 되어야 간신히 파견의 품격을 유지한다. 오로지 생존이 관건인 시대에는 수단 방법 가리지 않고 살아남는 것이 승리다. 이런 시

---

2 빠올로 비르노, 『다중』, 김상운 옮김, 갈무리, 2004, 145쪽.

대에 살아남았다는 사실로 인해 슬픔이나 수치심을 느끼는 사람은 오히려 위선자가 되어버린다.

이쯤 되면 빠올로 비르노가 왜 '나쁜 감정', 즉 기회주의, 냉소주의, 순응주의, 허무주의, 명랑한 체념[3]과 같은 '유독한' 감정에서 '유익한' 정치성을 읽어내려고 했는지, 그의 고민이 이해된다. 이런 '나쁜 감정'들과 우연성이 운동의 조직과 성패에 미치는 영향에 주목했기 때문일 것이다. 기회주의는 교활하고 저열한 감정으로 취급되어왔다. 회사와 조직은 기회주의자에게 충성심을 바라기 힘들다. 하지만 회사와 조직이 해고와 배신을 능사로 삼는 마당에 기회주의란 약자에게는 필수적인 생존 전략이다. 비르노는 기회주의를 자신에게 '가장 가까이 있는 가능성에 재빨리 복종하는 것'[4]이자 가능성을 최대한 활용하는 것으로 이해한다. 냉소주의는 '그럴 줄 알았다'는 인식 능력을 전제하는 것이다. 냉소주의는 일관성 없는 규

3　빠올로 비르노, 위의 책, 144쪽. 비르노가 명랑한 체념(resignation hilare)을 구체적으로 설명한 적은 없다. 다만 그의 글에서 유추해본다면 소비자로서의 손님이나 상사의 온갖 혐오 발언, 언어폭력과 같은 '갑질'에도 맞대응하면서 얼굴을 붉히고 성질을 부려서는 안 된다. 억울함과 불만이 있어도 체념하고 언제나 명랑과 미소로 상대해야 한다. 감정서비스 노동자가 살아남으려면 이처럼 명랑한 체념은 필수적이다. 부정적인 태도로 우울한 모습을 보인다면 해고되기 십상이기 때문이다. 우울과 분노를 내색하지 말아야 하는 감정노동자들은 '무대화된 자아'와 '진정한' 자아 사이에서 심각한 자기 분열을 경험하게 된다.

4　빠올로 비르노, 위의 책, 147쪽.

칙과 변덕스러운 상황에 대한 일종의 방어기제다. 그러므로 냉소주의는 언제든 변할 수 있는 상황에 대처하는 적극적인 능력인 셈이다.

그렇다면 혐오 발언은 어떤가? SNS로 소통하는 사회에서 험담, (헛)소문, 혐오 발언, 추문, 악플 등은 빛의 속도로 무한 증식하며 여러 가지 의미에서 자유롭다. 정해진 생산량과 같은 목표로부터 자유롭고, 제한된 직무로부터도 자유롭고, 진위 여부에 대해 전혀 책임지지 않는다는 점에서도 자유롭다. '우리'는 미담에도 설득되지만, '그 인간 왜 그래'로 시작하는 험담과 뒷담화로 연대한다. 인터넷에서 유령처럼 떠돌아다니는 악플, 추문, 혐오 발언은 근거가 없다 할지라도 일파만파의 파괴력을 지닌 집단을 형성한다.

전 세계가 빛의 속도로 소통할수록 시각 매체의 프레임 안으로 들어오지 않는 현실은 존재하지 않는 것이 되어버린다. 프레임 안으로 들어온 현실조차 넘쳐나는 정보 속에서 대부분 묻혀버리기 쉽다. 정보가 넘쳐나는 시대이므로 사람이든 물건이든 결사적으로 주목받고자 한다. 주목 경제attention economy[5]는 인간의 관심과 주목이 가치를 창출한다는 것을 전제한다. 관심 자체가 하나의 상품이자 자본이 되고 있기 때문에 어떤 방식으로든 주목받지 못하면 비존

---

5   Jonathan Beller, "Paying Attention," *Cabinet*, Issue 24, Winter: 2006/07.

재로 취급된다. 전 세계를 한 편의 영화처럼 재현하는 시대에, 프레임 바깥에 존재하는 3세계 사람들은 유령이 되거나 1세계의 안락함과 대비되는 전쟁, 집단 강간, 학살, 참수, 기아, 재난이라는 잔혹극을 통해 간신히 프레임 안으로 들어오게 된다.

총체적 재난, 구조적 비리, 정치적 부패, 부당 해고가 일상적으로 일어나도 사람들은 그저 심드렁하다. 어떤 운동이든 명분과 대의가 아니라 자기 이해관계에 따른 밥그릇 싸움으로밖에 여기지 않는다. 게다가 내가 분노한들 바꿀 수 있는 것도 없다. 하지만 내 기분, 감정, 상처를 자극하는 연예인, 개그맨들의 '정치적으로 올바르지 않은' 발언에는 과도하게 분노하고 혐오한다. '나'의 팬심과 관심 덕분에 그들이 누리는 쾌락 지수(셀렙, 재력, 인기)는 '내가' 변심하면 얼마든지 추락할 수 있다. '나'의 사랑을 먹고사는 그들에게 복수할 수 있는 힘이 '나'에게 있다는 점을 무기로 휘두르는 것이 바로 악플과 같은 혐오 발언이다. 정보가 넘쳐날수록 익명성 속으로 가라앉는 아이러니한 시대, 사람들은 자기 존재를 알리기 위해 점점 더 극악스럽게 혐오[6]의 강도를 높여간다. 최진실, 임수경, 장

---

6 미군 병사들이 관타나모에 수용된 포로들을 고문하고, 자신들의 고문 행위를 동영상으로 전 세계에 유포하면서 동영상 조회 수와 자신들의 행위가 뉴스가 되었다는 사실에 기뻐한다. 2005년 파리 근교 청년들이 폭동, 방화를 하면서 '우리는 유령이 아니다', '우리 여기 있다'는 사실을 인정받기 위해 아무런 정치적 요구도 없이 폭동, 방화를 한 것이 이런 사례에

자연, 세월호 사건에 이르기까지 지독한 악플을 달았던 사람들을 체포해서 왜 그랬냐고 이유를 물으면, '그냥 주목받고 싶어서'라고 대답한다.

혐오 발언 안에는 주목을 통해 자신이 행위 주체임을 인정받으려는 '주체화의 열정'이 들어 있다. 무기력하고 무의미한 삶에서 주목받을 수만 있다면 무슨 짓이든 할 수 있다는 의미에서 혐오는 격렬한 열정 중 하나다. 9·11 이후 아부 그레이브 고문 사진을 동영상으로 올렸던 미군 병사들의 관심사는 자신들의 추악한 행위가 뉴스거리가 될 수 있느냐 없느냐 하는 것뿐이었다. 마치 TV에 자신들의 행위가 방영될 수 있도록 '공개해달라고 애원하는' 것처럼 보였다. 그들은 스스로 사진사가 되어 자신들이 연출한 고문 행위를 재미와 오락거리로 만든다. 예전 같으면 수치스러워서 은폐하기에 급급했을 혐오스러운 행위를 기록하고 포르노그래피로 교환하면서 전 세계로 전송한다. 그러고는 자신들의 행위가 뉴스거리가 되었다는 사실에 뿌듯해한다.[7]

여군도 이런 잔혹 극장에 자발적으로 가담했다.[8] 그렇다면 여

해당할 것이다.

7   수전 손택, 「타인의 고문에 대하여」, 『문학은 자유다』, 홍한별 옮김, 이후, 2007, 178~195쪽.

성에게도 폭력과 혐오를 통해서나마 주체가 되고 싶은 맹목적인 주체화의 열정이 있다는 것인가? 여성이 자신의 주도권을 위해 폭력과 혐오를 활용한다면, 그 점을 어떻게 볼 것인가? '여성 혐오를 혐오한다'는 표현에서 보다시피 여성 혐오를 제거하기 위해 페미니즘은 그것을 어떻게 정치화하는가? 여성 혐오에 '희생양 코스프레'가 아니라 혐오로 맞대응하는 것은 하나의 전략일 수 있는가? 디시인사이드의 '메르스 갤러리'에서 '메갈리아'들은 혐오를 흉내 내며 혐오에 대응한다. 남성과 여성 사이의 혐오에서 권력관계의 비대칭성[9]을 생각해본다면, 남성들이 보여준 혐오에 대한 여성들의 흉내 내기를 패러디로 볼 수는 없을까? 공포, 분노, 애도 등의 정동을 정치적으로 배치하는 것처럼, 혐오 자체의 젠더 정치적 용도는 없는가? 여성 혐오, 종북 빨갱이 혐오, 외국인 노동자 혐오, 재난 희생자 혐오를 비롯해 온갖 혐오를 적극적으로 생산하는 국가장치와 젠더 정치는 어떻게 공모하는가? 혐오가 나쁜 감정이기는 하지

8　Adriana Cavarero, "Female Torturers Grinning at the Camera," *Horrorism: Naming Comtemporary Violence*, trans. William McCuaig, Columbia University Press, 2011, pp. 106~115.

9　"메르스 갤러리에서 '남성 혐오'가 쏟아져 나온 까닭은?",《직썰》, 2015년 6월 5일 참조. 디시인사이드의 메르스 갤러리에서 여성들은 그간 남성들이 보여준 여성 혐오 발언의 주어를 바꿔서 혐오에 혐오로 되돌려주고 있다. 기존의 젠더 권력의 비대칭성이라는 맥락이 있기 때문에, 똑같은 혐오 발언이라도 하더라도 남성의 여성 혐오와 여성의 남성 혐오는 결코 동일한 강도를 갖지 않는다.

만, 비르노처럼 그런 유독한 감정에서 유익한 정치성을 찾을 수는 없는가?

　　동성애 혐오에는 남자가 '여자처럼 군다'는 것에서 비롯하는 혐오가 깔려 있다. 불법 체류 외국인은 국가의 경계를 넘나드는 외계인 이물질foreign body로 간주된다. 성소수자를 비롯한 사회적 약자들은 수적으로 열세이기 때문에 그들에게는 가장 만만하게 혐오감을 부려놓을 수 있다. 그래서 외국인 노동자, 이민자, 장애인 들이 '우리'의 세금을 축내면서 무임승차한다고 혐오하는 것이다. 하지만 여성은 남성이 아니다. 여성은 소수가 아니라 세상의 절반이다. 여성은 외국인도 아니고 무임승차자도 아니다. 여성은 위협적이거나 위해를 가하는 외부인이 아니라 돌봄을 주로 하는 내부자다. 그럼에도 여성 혐오는 이 모든 혐오에 유비적 토대를 이루고 있다.

　　그렇다면 여성은 메르스와 같은 바이러스적 주체여서, 근처에 다가가기만 해도 남성 숙주를 변형시키는(여성화하는) '마법적'인 힘을 갖고 있는가? 앞으로 설명하게 되겠지만 혐오가 끔찍한 두려움에서 비롯하는 것이라면 여성에게 어떤 끔찍한 힘이 있길래 여성은 혐오의 대상이 되는가?[10] 탈마법화된 시대임에도 여성들에게는 어떤 '마법적' 힘이 남아 있기에 깔끔한 면역 주체가 되려는 남성

10　"메갈리아의 딸들, 혐오로 혐오를 지우는 방식", 《고함20》, 2015. 6. 4 참조.

을 감염시키는가? 거세되어 탈마법화된 시대를 구차하게 살아가는 자신들과는 달리 여성에게 신비하고도 마법적인 힘이 남아 있을지도 모른다는 남성의 공포심과 선망이 여성 혐오로 드러난 것은 아닐까? 여성 혐오가 젠더 형성 과정에서 억압된 원초적 정동이자 몸을 가진 여성이 누리는 쾌락에 대한 남성의 매혹과 공포와 시샘의 뒤집힌 형태라고 한다면, 그것이 아무리 터무니없다고 지적하더라도 쉽사리 사라지지 않는다. 동일시의 논리에 따라 상상적 젠더 정체성을 구성하기 위해 타자의 흔적을 억압함으로써 드러나는 젠더 무의식은 사라지는 것이 아니라 틈만 나면 '마법적으로' 귀환하기 때문이다.

참수냐
자본이냐

IS만이 참수를 자랑스럽게 전시하는 잔혹하고 혐오스러운 집단인 것은 아니다. 삶이 전쟁터이고 날마다 내 목이 제자리에 있는지를 확인해야 하는 시대라면 말이다. 삶이 전쟁터라는 사실을 아무리 '조두鳥頭'라도 잊지 않도록 해주는 '혐오스러운' 발언이 넘쳐난다. 비정규직들은 '너희들의 목은 구체 관절 인형의 목처럼 뗐다

붙였다 마음대로 할 수 있어'라는 소리를 재계약 때마다 듣는다. 박용성 중앙대 재단 이사장은 "가장 피가 많이 나고 고통스러운 방법으로 내가 쳐줄 것이다. 그들이 제 목을 쳐달라고 목을 길게 뺐는데 안 쳐주면 예의가 아니다"[11]라고, 시끄럽게 구는 비상대책위 교수들의 목을 쳐주겠노라며 분노한다. 그는 일벌백계一罰百戒라는 손자병법을 몸소 실천한다. 한국사회에서 CEO들의 필독서인『손자병법』에 나오는 병법 중 하나가 강자에게 엎드리고 약자 위에 군림하는 것이다. CEO들에게 시장은 죽고 죽이는, 먹고 먹히는 동물의 왕국이자 전쟁터이며, 그들에게 직원은 인격적인 존재가 아니라 고용주의 의도에 맞게 사용하는 소모품이다. 시장에서의 잉여인간은 '쓰레기'[12]로 간주된다. 이런 시대라면, 용도가 다한 인간은 도살대 위에서 줄지어 기다리는 '사축社畜'과 다르지 않을 것이다.

손자병법에 관한 이야기는 사마천의『사기』중「손자·오기열전」편에 실려 있다. 손무는 자신이 쓴 병법을 가지고 오나라 왕 합려를 찾아간다. 왕은 그대가 저술한 13편의 병법을 읽었으니, 실제로 군을 지휘할 수 있느냐고 묻는다. 손무는 충분히 그럴 수 있다고 답한다. 그러자 합려는 손무의 실력을 시험하기 위해 여자도 군

---

11   "지도층의 막말",《서울신문》, 2015. 4. 25.

12   지그문트 바우만,『쓰레기가 되는 삶들』, 정일준 옮김, 새물결, 2011.

사 훈련을 시킬 수 있느냐고 묻는다. 이에 손무가 후궁과 궁녀들을 소집해보니 자그마치 180명이었다. 그는 여자들을 두 줄로 세우고 왕이 가장 총애하는 후궁 두 명을 맨 앞에 세웠다. 그러고는 간단한 군사훈련을 가르치려 했다. 그런데 여자들은 깔깔거리고 떠들며 그의 말을 듣지 않았다. 손무는 엄중히 경고한다. "군령이 분명하지 않고 명령에 숙달되지 않은 것은 장수의 죄다. 하지만 이미 군령이 정해졌는데도 지키지 않는 것은 군졸의 죄다." 손무는 군사훈련에서 명령에 따르지 않는 것은 이적 행위이고, 이는 반역죄에 해당하며, 반역죄는 참수로 다스리겠다고 말한다. 왕은 총애하는 왕비들을 잃고 싶지 않아서 용서해주라고 하지만, 손무는 왕명보다 지엄한 법이 군명이라고 말한다. 손무는 왕이 가장 총애한 애첩 두 명을 참수한다. 혼비백산한 여자들은 일사불란하게 움직이기 시작했다. 그렇게 손무는 여자들에게 군사훈련을 가르쳤다.

　　손무의 고사를 인용하면서 엘렌 식수는 「참수냐 거세냐」[13]에서 남성적 경제는 북소리와 구령에 맞춰 질서정연하고 절도 있게 움직이는 것이며, 무질서한 여성들에게 교육을 시켜 질서와 절도를 배우게 하는 것이라고 설명한다. 남성의 전쟁 경제는 여성 또한

13　Helene Cixous, "Castration or Decapitation," trans. Annette Khun, *Signs*, Vol. 7, No. 1(Autumn, 1981), pp. 41~55.

병사로 만들거나 그렇지 못할 경우 참수de-capitate한다. 아니면 여성을 전리품으로 만들어 전사戰士를 생산해줄 자본capital[14]으로 삼는다. 남성적인 법 앞에서 참수당하지 않으려면 여성은 침묵해야 한다.[15] 여성들의 재잘거림과 웃음은 침묵으로 가라앉아야 하고, 무질서는 질서에 복종해야 하는 것이 남성적 경제라고 그녀는 주장한다.

식수에 의하면 남성적 경제는 웃음을 두려워할 뿐 아니라 선물의 의미 또한 두려워한다. 남성에게 '준다는 것(선물)'은 언제나 빚으로 연상된다. 빚은 정확히 갚아야 한다. 선물보다 더 위험한 것은 없다. 선물은 타인의 관대함에 빚지는 것이며 부채다. 무엇을 받는다는 것은 타인에게 자신을 여는 것이다. 타인에게 자신을 열어주는 것은 자신을 약자의 처지에 놓는 것이다. 남자는 이런 상태에서 가능한 한 재빨리 벗어나고 싶어 한다. 선물 교환의 끝없는 회로에서 벗어나 정확히 되갚고자 한다. 남성의 셈법에 따르면 정확히 계산하지 않는 것은 힘의 불균형 상태이므로 위협적인 것이 된다.

식수는 남성적 경제, 여성적 경제라는 이분법을 해체하려고

---

14 capital의 라틴어 어원은 capitalis이다. capitalis는 형용사로서 머리에 관한(regarding to head)이다. 사형을 의미하는 capital punishment는 원래 목을 베는 참수형을 뜻하는 것이었다. 명사로서 caput는 머리를 뜻한다. 이것은 가축의 머리로서 '수입을 기대할 수 있는 가축의 일부'라는 뜻으로 아담 스미스는 이 단어를 자본이라는 뜻으로 사용하게 된다.

15 Helene Cixous, 위의 글, p. 42.

하면서도 결국 여성적인 것, 남성적인 것이라는 바로 그 이분법적 차이에 의지한다. 남성이 선물을 정확한 권력의 정치경제로 치환한다면 여성은 그것을 관계의 경제로 활용한다. 남성적 경제가 질서, 분류, 문화, 발화라면, 여성적 경제는 무질서, 혼돈, 자연, 침묵, 죽음으로 간주된다. 여성은 침묵하지 않는 한 머리를 잃을 수밖에 없다. 침묵은 곧 죽음이다. 그러므로 여자의 자리는 죽음의 자리라고 해버리면, 여자가 이런 악순환에서 벗어날 가능성은 보이지 않는다. 식수가 말하는 여성적 경제에 따르면 여자들은 깔깔거리다 참수되느냐, 침묵하다가 남성의 자본이 되느냐, 둘 중 하나밖에 없다.

공포의 힘, 여신, 괴물성

하지만 여성이 수동적으로 침묵하거나 무기력하게 목을 내놓은 것만은 아니었다. 여성 또한 남성과 다름없이 자신의 주체성과 주도권을 원한다. 가부장적인 젠더 권력이 여성들의 힘을 두려워해 그들을 배제했지만, 남성과 동등해지기 위해서라면 여성 또한 자기 목을 걸고 남의 목을 치는 폭력도 마다하지 않는다. 여성들이 태생적으로 배려하고 보살피는 윤리적인 주체여서 공손하게 남성의 지배를 받아들였던 것은 아니다. 손무의 고사에서 보다시피 기존 질서를 무시하고 조롱하다가 목이 달아난 여성들을 통해 생존 전략과 권력의 문법을 배우고 익혀서 굴욕을 견디고 굴종을 참았을 따름이다. 남성이라는 이유만으로 우월하다고 믿는 것이나, 여성이라는 이유만으로 윤리적이라고 주장하는 것은 둘 다 신화다. 남성과 마찬가지로 여성 또한 폭력적일 수 있고 그런 폭력을 통해 주권자가 되고자 했다. 목은 날아가고 입은 재갈이 채워졌지만 그럼에도 여성들이 보여준 힘들은 완전히 사라진 것이 아니다.

신화시대의 메두사는 몸은 여자이고 머리카락은 뱀의 모양을 한 날개 달린 괴물이다. 아름다웠던 그녀는 고르곤 자매 중 막내로, 포세이돈에게 겁탈당하고 버림받는다. 그녀에 관한 이야기는 설이 분분하지만 어쨌거나 그녀와 시선이 마주친 사람들은 돌로 변한다. 메두사는 영화 〈겨울왕국Frozen〉(2013)의 엘사처럼 모든 존재를 얼어붙게 만든다. 하지만 세월이 흘러감에 따라 메두사는 강력한 힘을 상실하고 머리카락은 흉측한 뱀으로 변하게 된다. 마침내 그녀는 페르세우스의 칼에 목이 날아간다. 가부장제가 힘을 얻어갈수록 상대적으로 여신으로서 그녀는 힘을 잃는다. 마침내 그녀는 괴물로 형상화되고 추문거리가 된다.

하지만 메두사는 흔적 없이 소멸하지 않는다. 줄리아 크리스테바는 정신분석 이론가답게 예수의 이미지와 겹쳐진 메두사의 모습을 읽어낸다.[16] 그녀는 세인트 폴 성당에서 쟁반 위에 놓인 것 같은 예수의 머리를 본 것이 반가웠다고 한다.[17] 냅킨에 그려진 예수의 얼굴에서 그녀는 메두사의 흔적을 찾아낸다. 예수는 십자가형을 받았지, 참수당하지 않았다. 그럼에도 세례 요한의 잘린 머리처럼 원반 위에 머리만 동그마니 놓여 있는 예수의 아이콘은 메두사의 이미지와 흡사해 보인다고 크리스테바는 지적한다.

서구 기독교에서는 '우상을 숭배하지 말라'는 명령, 즉 신의 이미지를 만들지 말라는 명령으로 인해 성상 파괴주의자iconoclast[18]와 성상 친화주의자iconophile 사이에 갈등이 있었다.[19] 이교도 전통이 강하게 남아 있던 동방교회는 아이콘(신성한 이미지)을 완전히 파괴하지 않았으며 오히려 기독교를 전파하는 데 그것을 역이용했다.

---

16 Julia Kristeva, *The Severed Head: Capital Visions*, trans. Jody Gladding, Columbia University Press, 2012.

17 Slavic school, *The Holy Face: Laon, Tresor de la cathedrale*. Kristeva, 위의 책에서 재인용.

18 Susan Buck-Morss, "Visual Empire," *Diacritics*, 37(Summer-Fall, 2007), pp. 171~198. 수전 벅모스는 기독교의 근본 관념이 성육신(incarnation)이라는 점, 즉 비가시적인 주권자로서의 신이 육신을 입고 가시적인 인간의 모습으로 드러난다는 점에 주목한다. 벅모스에 따르면 기독교의 천재성은 아이콘 통치(iconocracy)를 발명함으로써 시각의 제국을 형상화했다는 것이다. 그녀에 따르면 성상 파괴주의자는 이미지의 권력에 대항하려는 자가 아니라 이미지의 권력을 통제하려는 자다. 그들은 시각 경제를 독점하고 그로 인해 진리를 독점하려고 한 것이다. 성상 파괴주의자들은 우상숭배자를 만들어냄으로써 그들에게 주권을 박탈한다. 따라서 성상 파괴주의자와 성상 친화주의자 사이의 논쟁의 초점은 아이콘 자체가 아니라 아이콘을 어떻게 관리할 것인가라는 시각 권력의 문제가 된다.

19 Kristeva, 앞의 책, pp. 48~56.

예수의 얼굴 양쪽에 길게 드리워진 굽실굽실한 머리카락은 뱀의 형상처럼 구불거리면서 뒤엉켜 있다. 고르곤 메두사의 이미지는 비잔틴제국에 이르기까지 복제되면서 부적으로 이용되기도 했다. 슬라브계 기독교가 재현한 예수의 이미지는 이처럼 메두사를 연상시킨다. 크리스테바는 이 지점에서 이교도와 기독교 이미지 사이에 어떤 관계가 있지는 않을까를 질문한다.

아이콘은 보이지 않는 것을 보이게 한다. 그것은 보이지 않는 세계를 가능한 이미지로 표현한 것이다. 고르곤 자매들의 이미지는 이교도들의 아이콘과 그리스의 회화적 가시성이 서구 기독교에서의 새로운 이미지로 정립되는 가교는 아닐까 하는 것이 크리스테바의 가정이다. 그리하여 예수의 머리는 이교도 여신을 숭배하는 성상 숭배idolatry라고 비난받지 않으면서 재현될 수 있었다. 우상에 대한 기독교의 비난을 완화시키면서 이교도적인 성상을 결합시킨 것이 머리만 그려진 예수의 이미지라는 것이다. 메두사와 예수의 겹쳐진 형상은 이교도의 잔재를 가시화, 성상화하면서도 처벌받지 않을 수 있는 길이었다. 이렇게 해서 이교도 여신 메두사의 흔적은 예수의 얼굴로 겹쳐지게 되었다.

그렇다면 메두사의 흔적을 젠더의 정신분석 장면으로 가지고 들어오면 어떻게 될까? 메두사의 깊은 목구멍과 이빨은 아이의 불안한 상상 속에서 흔히 '바기나 덴타타vagina dentata'로 연상된다. 아이에게 '입'과 '질'은 마찬가지 구멍이다. 바기나 덴타타란 여성의 질 속에 들어 있다고 상상되는 이빨이나 가위손이다. 그것이 자신의 물건을 자를지도 모른다는 두려움이 곧 거세 공포다. 여기서 거세 공포는 상징계로 진입하기 위해 '아버지의 법'에 복종하는 것이 아니라, 여성의 몸과 맺는 남성의 두려움이다. 질 속으로 자기 물건을 집어넣었다가 심연 속에서 그것을 상실하면 어떡하나 하는 남성의 공포는 여성의 임신 출산을 보면서 더욱 강화된다고 크리스테바는 주장한다. 여자가 무의 상태에서 무엇인가를 만들어낸다면, 내 물건을 가져간 것의 증거라는 환상이 남자아이에게 형성된다.[20] 내 물건을 잘라가지고 '자기 혼자' 아이를 만드는 것은 아닐까 하는 두려움[21]이 남자아이에게 있다는 것이다. 그래서 "여자 없이 자식을 낳고 여자 같은 것은 없어져버렸으면!"[22] 하고 이아손은 통탄한다.

크리스테바 식으로 말하자면 메두사는 남성의 거세 공포가

20　여기서 아이가 구체적인 섹스 행위로서 여자의 질 안에 자기 물건을 집어넣었는가 하는 것과는 상관이 없다. 정신분석은 남아의 공포 중에서 가장 큰 것이 거세 공포라고 간주한다. 아이의 공포스러운 '환상' 속에서 바기나 덴타타가 연상되는 것은 거세 공포에서 비롯한다. 보이지 않는 구멍 속으로 자기 물건을 집어넣는 순간 자신의 남성성을 상실할 수도 있다는 공포로 인해 비가시적이고 음험한 구멍으로서 여성을 혐오하게 된다는 서사가 만들어진다.

21　Kristeva, 앞의 책, p. 78.

22　에우리피데스, 「메데이아」, 『에우리피데스 비극』, 천병희 옮김, 단국대학교출판부, 1998, 570~575행.

만들어낸 아이콘이다. 메두사의 머리카락처럼 구불구불한 치모 사이에 음험하게 숨어 있는 구멍의 공포는 자기 물건을 자르고 머리를 자르는(혹은 이성을 잃게 하는) 여성에 대한 공포다. 여성의 구멍은 알 수 없는 영역이자 어둡고 축축한 동굴이다. 환상의 베일로 가리지 않으면, 실재계의 물자체La Chose인 여성의 구멍을 견딜 수 없다. 라캉 식으로 말하자면 상징계의 거세에 완전히 복종하지 않는 여성의 몸은 거세에 복종한 남성으로서는 알 수 없는 쾌락[23]의 공간이다. 여성의 몸이 지닌 물질성, 점액성은 부패하고 오염시키는 '신비한' 힘을 가지고 있다. 언젠가는 썩고 시체가 되고 쓰레기가 되는 몸은 불멸을 꿈꾸는 남성에게는 견딜 수 없이 끔찍하고 혐오스럽다. 자신이 무화無化되어 다시 여성의 심연(혹은 자연) 속으로 되돌아가야 한다는 것만큼 남성에게 공포스러운 것은 없을 것이다.

『존재와 무』에서 사르트르는 점액질 분석을 통해 끈적거리고 미끌거리는 점액질 자체가 혐오감을 준다고 말한다. 끈적거리면서 달라붙는 점액성은 월경을 하는, 그래서 동물에 더욱 가까운 여성적인 속성으로 등치된다. 여성의 육체가 지닌 속성은 불쾌하게 달라붙고 스며들기 때문에, 청결하고 초월적인 남성 주체의 자기동

23　라캉 식 언어로 말하자면 여기서 쾌락은 주이상스다. 주이상스는 쾌락을 넘어선 쾌락이라는 점에서 쾌/불쾌/고통/죽음충동이 혼재된 것이다.

일성을 허물고 오염시킨다. 끈적거리는 구멍으로 끌려 들어갈 것만 같은 공포, 깊이를 알 수 없는 그 구멍에 대한 혐오는 자기 소멸의 공포가 뒤집혀서 표출된 것이다. 자신의 남성성을 유지하기 위해 매혹적이지만 혐오스러운 대상으로 만들어야 하는 것이 몸을 가진 여성적 존재다. 남성은 이처럼 자신이 혐오스러워하는 자기의 육체성, 물질성을 여성적인 것으로 비워냄으로써 초월적인 존재가 된다. 그럴 때에만 남성은 자신이 여성의 몸을 빌려서 태어났다는 자기 존재의 기원을 망각하게 된다. 태지를 뒤집어쓰고 끈적거리는 여성의 산도를 거쳐 세상에 던져졌다가 다시 그곳으로 되돌아갈 수밖에 없는 자신의 운명을 말이다.

인간에게는 태초에 로고스가 아니라 몸이 있었다. 인간은 몸을 가진 존재이고, 몸들 사이의 사랑과 유혹으로 생명이 탄생한다. 그 결과 남자는 몸을 갖고 세상에 태어나지만, 자기 몸의 물질성으로부터 끊임없이 자유롭고자 한다. 여자처럼 자기 복제를 할 수 없는 남성은 일회적인 삶을 살 수밖에 없다. 이런 자기 소멸에의 공포는 불멸을 꿈꾸게 한다. 소멸할 몸을 초월함으로써 불멸을 꿈꾸는 남성들에게 가장 혐오스러운 것이 여성의 몸이다. 여성의 몸은 자신 또한 죽을 것임을 보여주는 거울이기 때문이다.

몸의 구멍과 몸 표면은 '사회적인 입구와 출구의 장소'로서 젠더가 대결하고 타협하는 지대다.[24] 몸을 위생적으로 정화시키고 청결하게 만드는 문화적 장치(제의와 관습 등)는 문화적 동질성을 확고히 하려는 열정에 대한 은유다. 체액은 이 몸에서 저 몸으로 옮겨다닌다. 그리고 부패한 체액은 악취를 풍기고 고름으로 흘러내린다. 체액은 인간이 초월성, 불멸성과는 거리가 먼 존재임을 상기시킨다. 여성의 몸은 세포 하나, 땀구멍 하나까지 젠더의 은유를 통해 매개된다. 이처럼 인간의 조건을 구성하는 것들을 여성성과 결부시킴으로써 남성 주체의 불멸성, 초월성, 고유성을 유지하기 위해 자기 안의 타자성을 억압하는 것, 그것이 가부장적 사회를 유지하는 젠더의 정치경제다.

여성의 손에 거세당하고 죽임을 당할 수 있다는 남성의 메두사 공포는 영아 살해자인 메데이아로 연결된다. 그녀는 사랑을 배신한 이아손에게 복수하려고 자기 아들을 살해한다. 에우리피데스의 비극에서 메데이아는 영아 살해자로 악명이 높다. 그녀의 영아 살해는 신성한 성모자의 이미지를 뒤집어놓은 것이다. 그녀는 자신을 배신한 남자가 아비의 이름을 물려주지 못하도록 아이들을 살해한다. 아들에게 아버지의 이름을 물려주지 못한다면, 영원불멸을 꿈꾸는 남성의 욕망은 좌절되게 된다. 남성에게 후손이 끊어진

24　엘리자베스 그로츠, 『뫼비우스 띠로서 몸』, 임옥희 옮김, 여이연, 2001 중 8장 「성차화된 몸들」 참조.

다는 것은 완벽한 죽음을 의미한다. 따라서 메데이아의 영아 살해는 자신을 배신한 남성에게 보복하는 가장 여성적인 수단이다.

에우리피데스는 「메데이아」에서 이런 범죄는 너무 끔찍해서 문명화된 그리스인이 아니라 야만적인 콜키스인이나 저지르는 악행이라고 비난한다. 이아손은 메데이아에게 이제 가진 것이라고는 없는 그녀를 버리고, 자기 아들에게 왕국을 물려주기 위해 코린토스의 왕녀(크레온의 딸)와 결혼하겠다고 말한다. 이아손은 그녀를 문명화된 그리스로 데려와서 많은 것을 배우게 해주었으니 자신에게 고마워해야 한다면서 오히려 메데이아에게 생색을 낸다. 그는 야만의 나라에서처럼 폭력을 사용하는 대신에 법의 '정의'에 따라 사는 법을 배웠으니 교양인답게 처신하라고 설교한다. 에우리피데스는 이아손의 입을 빌려 무엇보다 피해자인 메데이아를 가해자로 만들어버린다. 콜키스인이라는 이유로 그녀는 이방인이자 야만적인 타자가 된다. 이방의 땅에서부터 공포를 가지고 들어온 여자, 한때는 그녀가 망명한 곳에서 사랑받았지만 그녀에 대한 사랑은 정치적 상황에 따라 언제든 혐오로 뒤집힐 수 있다. 그녀는 야만족 출신의 외부인이자 외국인이며 여성이므로.[25]

---

25 에우리피데스, 『에우리피데스 비극』, 천병희 옮김, 단국대학교 출판부, 1998, 525~575행 참조.

메데이아는 '야만적' 행동을 하면서도 자신이 무엇을 하려고 하는지를 알고 있다는 점에서 자기 행위의 주체다. 고대 그리스인들은 무언가를 결정할 때 신탁에 따랐다. 하지만 그 시절 내 운명은 내가 책임진다는 오만한 자의식을 가진 여성이 메데이아였다. 그녀는 자기 운명을 결정하는 것은 신이 아니라 '나' 자신임을 인식한다. 그녀는 왕녀이자 사제이며, 당대의 과학자이자 의학자다. 그녀는 영아 살해, 독살을 저지르면서도 자신이 무엇을 도모하고 있는지 분명히 의식하고 있다. "내가 얼마나 참혹한 짓을 하려고 하는지를 잘 알고 있지만"[26]이라고 말하면서도 그녀는 신탁을 기다리지 않고, 법의 정의에 따르지 않고, 몸소 정의의 이름으로 복수한다.

크리스타 볼프Christa Wolf는 에우리피데스의 「메데이아」를 다시 쓴다. 볼프의 소설 『메데이아』에서 이아손은 황금 양털을 가졌지만 아직도 왕권을 물려받지 못한 채 망명객 신세로 코린토스에 머물고 있다. 그는 영웅이 아니라 메데이아에게 의지하는 나약한 남성이다. 그는 메데이아의 "가슴에 얼굴을 묻고 한참을 울었"다. 그래서 "저는 이아손이 우는 모습을 처음 보았습니다"라고 말하는 순간

---

26 브루노 스넬, 『정신의 발견: 서구적 사유의 그리스적 기원』, 김재홍 옮김, 까치, 1994, 216쪽. 스넬은 현실적으로는 메데이아가 아무런 법적인 권리가 없음에도 불구하고, 법을 넘어서 "신비스럽기까지"한 메데이아 곁에서 "이성적이고 분별력 있어 보이는 이아손은 시시하고 초라한 남자라는 인상 밖에 주지 못한다"고 말한다(같은 책, 214쪽).

메데이아는 안다. "틀림없이 저는 그 대가를 치르게 될 겁니다. 코린토스에서는 남자의 약한 모습을 본 여자는 반드시 대가를 치른다는 말이 있습니다."[27] 여자가 사제로서 권력을 휘두르는 야만의 땅이 아니라 문명화된 가부장적 국가에서 남자는 나약함을 보여서는 안 된다. 가부장적인 국가의 남성들은 자기 안의 나약함을 타자인 여성적 속성으로 보기 때문에, 나약함을 보였다는 것만으로 이미 여성의 자리에 위치하게 된다. 그것은 남성으로서는 받아들일 수 없는 일이다.

약한 자여,
너의 이름은 여자?

마사 너스바움은 인간의 조건인 취약성fragility을 인정하지 않을 때 혐오감이 초래된다고 주장한다. 그녀에 따르면 공정한 사회를 지향하는 데 가장 위험한 두 가지 도덕 감정이 혐오disgust와 수치심shame이다. 이 두 가지 감정은 원초적 형태로 유년기에 발생하며, 인간의 조건인 필멸성에서 비롯된다. 인간의 나약함은 불멸성

---

27 크리스타 볼프, 『메데이아, 또는 악녀를 위한 변명』, 김재영 옮김, 황금가지, 2005, 29쪽.

을 주장하는 소크라테스와 같은 철학자들에게는 치욕스러운 조건이다. 그것은 인간의 삶을 취약하게 만드는 불안과 불안정의 원천이다. 이렇게 본다면 혐오는 자기 육신의 필멸성, 인간의 몸이 가진 동물성을 굴욕으로 여기는 것에서 기인한다. 사람들은 악취와 부패에 거부반응을 보인다. 하지만 거기서 끝나지 않는다. 사람들은 육신의 한계가 주는 불쾌와 혐오를 투사할 외부 집단을 끊임없이 찾는다. 인간의 언어 중에서 가장 원초적인 것이 욕설이다. '썩어 문드러질 놈,' '끈적거리는 놈' 하는 식의 욕설은 취약한 몸에 대한 혐오에서 비롯된다. 여기에 몸은 여성적인 것, 마음은 남성적인 것이라는 이분법 아래, 남성이 혐오하는 모든 것은 여성적인 속성으로 투사된다.

주체는 나를 구성하는 타자(이물질, 기생물)를 미워하면서 토해 낸다. 이런 이물질이 나를 구성하고 그것에 내가 의존하고 있다는 사실을 망각해야만 자족적인 '나'라는 환상이 만들어지기 때문이다. '나'를 구성하고 정체성을 형성하려면 타자를 삼키면서도 동시에 토해내야 한다. '나'는 내가 살기 위해 타자를 삼키고 소화시키고 추방한다. 따라서 나의 정체성은 타자를 추방하고 뱉어내는 '윤리적 폭력'을 통해 형성된다. 삼킨 것을 토하고 추방하는 데 혐오감은 필수다.

'나'의 경계를 허물어뜨리는 타자에 대한 매혹과 혐오가 나의 정체성을 형성하는 원초적 정동이라고 한다면, 나/남의 경계선(좌/우, 흑/백)이 분명하지 못한 것은 혐오의 대상이 된다. 혐오가 몸이 주는 쾌와 불쾌와 관련된 원초적 충동이라고 본다면, 그것은 이해관계에 바탕한 사랑과 미움(증오)보다 앞서는 정동이다. 혐오의 젠더 정치학은 몸의 부패 가능성과 체액의 교환 과정을 남성에게 위협적인 것으로 배치함으로써 여성에 대해 혐오감을 유발하도록 기능해왔다.

이렇게 여성 혐오의 '은유'에서 비롯된 인종 혐오, 외국인 혐오, 동성애 혐오가 만들어진다. 이런 혐오감은 아무리 단속해도 국경선에 구멍을 내고 그 틈새로 넘나드는 불청객으로서 이민, 난민, 불법 체류자들에게 전가되기도 한다. 이렇게 해서 그들은 단단한 경계선을 허무는 불결하고 혐오스러운 이물질이자 기생물로 형상화된다.

젠더 정치의 원초적 정동이 혐오라고 한다면, 여성이라고 해서 그것으로부터 자유로운 것은 아니다. 아드리아나 카바레로는 정의의 실현이라는 명분 아래 여성들이 테러에 적극 가담하는 폭력적인 현상을 보면서 경악한다.[28] 여성의 자살 테러를 어떻게 해석할 것인가? 임신한 여성들마저 남을 죽이기 위해 자폭하는 일도 서

---

28 Adriana Cavarero, "Suicidal Horrorism," 앞의 책, pp. 89~96.

습지 않는다. 생명을 보살피는 것이 여성의 덕목으로 간주되어왔던 것과는 달리 생명을 대량 살상하기 위해 자기 몸을 폭탄으로 사용하는 여성들이 있다. 가장 오래된 공포의 귀환인 현대판 메데이아들의 잔혹성을 단지 테러리즘이라고 부르는 것은 적절치 않다고 카바레로는 말한다. 말로 표현하기 힘든 테러를 표현하기 위해 그녀가 만든 신조어가 호러리즘horrorism이다.[29]

팔레스타인 여성들은 시오니즘을 파괴하기 위해서라면 자기한 몸 부서지는 것쯤은 감수한다. 2004년 1월, 처음으로 자살 폭탄 공격자였던 팔레스타인 여성 와다 이프리스Wada Ifris는 국가적인 순교 영웅으로 추앙받는다. 스리랑카의 무장단체 타밀호랑이의 40%가 여성이다. 체첸, 쿠르드에서도 여성 자살 폭탄 공격이 이어지고 있다. 체첸의 '검은 과부Black Widows'는 2000년대 초 러시아에 분리 독립을 요구하며 격렬하게 대항한 북北캅카스에서 양성되기 시작한 체첸 여성 테러범들을 지칭한다. 과부라는 명칭은 남편 등 가까운 가족을 러시아군에게 잃거나 러시아군에게 성폭행을 당하고 복수심에 불타는 여성들이 주요 세력인 것으로 알려지면서 서방 언

29　앤 래드클리프 구분에 따르면 테러는 끔찍한 사건이 일어나기 전의 불확실성, 모호성으로 인해 초래되는 두려움의 감정이라고 한다면, 호러는 일어날 것으로 생각했던 끔찍한 사건이 현실이 되었을 때 그 앞에서 말문이 막히고, 얼어붙어서 감정 자체가 소멸되어버리는 것이다. 그래서 테러가 숭고의 감정을 들게 한다면, 호러는 감정이 얼어붙어버리는 것이다.

론이 붙인 명칭이다. 이들은 자신을 샤히드shahid, 즉 순교자라고 부른다. 테러로 인해 검은 과부 단체가 널리 알려진 것은 체첸 반군들이 주도한 2002년 모스크바 극장 인질 테러 사건에서였다. 당시 800여 명의 배우와 관객을 인질로 잡고 테러를 강행한 41명의 범인 중 18명이 검은색 복장에 폭탄 벨트를 두른 여성이었다.[30] 그렇다면 여성이 자기 몸을 생명의 원천이 아니라 죽음의 도구로 사용하는 것을 어떻게 받아들여야 하는가?

이슬람 문화에서 여성들은 침묵하는 존재들이었다. 그런 여성들이 폭력의 주체가 된다는 것은 충격적이다. 오랜 세월 동안 느껴온 모욕, 오만, 불의, 좌절과 절망을 견딜 수 없어서라는 설명도 있지만 이들을 이용하고 세뇌시킨 결과라는 주장도 있다. 그들을 세뇌의 희생양으로 보려는 강력한 유혹이 있다. 그들의 자발적 행동이라기보다는 테러 조직이 조종한 결과이므로 그들 또한 희생양이라는 입장, 즉 배후 세력에 조종당하는 불쌍한 여성이라는 설명이 있다. 여성이라는 이유만으로 여성은 윤리적 존재이기 때문에 그처럼 혐오스러운 일을 저지를 수 없다고 해석해버리면, 여성은 목을 내놓더라도 남성의 '자본'이 되는 수동적인 희생양에 불과해진다. 그들은 무기력한 희생자이거나 세뇌된 암살자가 되어버린다.

30　Adriana Cavarero, 앞의 책, 16장.

여성에게는 폭력을 통해서라도 자신을 주권적 주체로 구성하려는 주체화의 열망이 과연 없을까? [31]

어린아이의 주체 형성 단계에는 강자인 아버지를 통해 나의 쾌락을 훔쳐가는 타자를 혼내주려는 심리가 있다. 이런 현상을 분석한 것이 프로이트의 「한 아이가 매를 맞고 있어요A Child is being beaten」라는 글이다. 왜 아이는 매 맞는 환상을 가지게 될까? 매 맞는 환상에서 주체의 역할은 단계에 따라 달라진다. 첫째 단계는 형제자매에 대한 적대적인 경쟁관계로 드러낸다. "아버지가 그 아이를 때리고 있어요." 이 문장에 생략된 것은 '내가 미워하는 아이'를 아버지가 때려주고 있다는 환상이다. 아이는 자기가 미워하는 그 아이를 아버지가 때려주므로 아버지는 '나만 사랑해'라고 여긴다. 두 번째 단계는 '내가' 매 맞고 있다는 주체화의 단계다. 프로이트에 따르면 여자아이의 환상에서 첫 번째 단계는 남자 형제가 매를 맞는 것으로 드러난다면, 두 번째 단계에서는 여자아이 자신이 매 맞고 있다는 환상으로 전환된다. 이 단계에서 프로이트는 여자에게는 마조히즘적 섹슈얼리티를, 남성에게는 동성애 섹슈얼리티를 배치한

31　페미니즘 때문에 여성의 범죄율이 높아졌다는 비난이 있다. 페미니즘의 윤리적 계몽 때문에 여성이 선한 행위만 한다는 보장도 없지만, 그 때문에 여성이 특별히 악행을 저지른다는 주장은 전혀 설득력이 없다.

다.[32] 그리고 마지막 단계에 이르면 '한 아이가 매를 맞고 있어요'가 된다. 이 단계에 이르면 아이는 자신을 객관적으로 무대화한다.

줄리엣 미첼은 동생(형제자매)이 생길 때 매 맞는 환상이 나타나는 것으로 분석한다. 내 의자를 빼앗는 또 다른 아이는 내 사랑의 박탈자다. 내 자리를 빼앗고 내 사랑을 앗아감으로써 나의 전능성에 수치와 굴욕감을 안기는 존재가 바로 이 타자다. 자신이 미워하는 아이를 아버지가 패준다는 환상은 다른 아이에 대한 시샘과 선망을 만족시켜준다.

동기간의 강렬한 질투, 경쟁, 선망은 자라면서 '평등'과 '공정'에 대한 요구로 뒤집힌다고 미첼은 주장한다. 말하자면 장자상속이나 젠더 차이를 내세워 공정한 몫 이상을 챙겨가서는 안 된다는 것이다. 니체와 프로이트는 평등한 것을 정의로운 것으로 보는 발상의 이면에는 시샘(선망)의 감정이 있다고 보았다. 그것은 우리가 가지지 못한 것을 가지고 있으며 그것을 즐기는 타자의 쾌락에 대한 시샘이다. 모두가 즐길 수 없다면 즐기는 사람을 막아야 한다는 논리가 가능해진다. '서로 평등하게'라는 것에는 나보다 더 많은 쾌

---

32 이런 배치 자체가 남성은 공격적·사디즘적이고, 여성은 수동적·마조히즘적이라는 이성애 젠더/섹슈얼리티를 전제로 한 것이다. 공격적이고 꿰뚫는 남성에게 관통당하는, 마조히즘적인 위치를 차지한 남성은 여성화된 존재이므로 여성으로서 젠더 패싱하는 동성애자로 설정한 것이다.

락을 차지하는 사람이 없어야 한다는 경쟁의식과 시샘과 질투가 깔려 있다. 내가 차지해야 할 젖가슴을 차지하고 있는 동생을 쳐다보는 아이에게서 이루 말할 수 없는 살의, 미움, 선망, 질투, 시샘이 드러난다. 이 점은 친동기간이 아니라도 마찬가지다. 자기 엄마의 젖을 먹고 있는 옆자리 아이를 바라보는 아이의 시선에서도 그와 마찬가지 감정을 읽어낼 수 있다.

이렇게 본다면 동기와 또래 집단 사이의 혐오, 살의, 폭력, 질투, 선망을 사회적으로 해소할 수 있는 방식이 결국은 사회적 '평등'과 분배적 '정의'다. 나쁜 감정들을 전환시켜 평등과 정의로 묶어내고 공평하게 쾌락을 나눠 갖는 것이 폭력과 혐오를 줄이는 방법이다. 미첼 식으로 말하자면 정의와 평등을 사회적으로 배치함으로써 나쁜 감정들을 어느 정도 조절할 수 있다.

귀환하는
젠더 무의식

앞서 보았다시피 젠더 무의식은 남성과 여성이라는 성별 정체성을 획득하기 위해 자기 안에 있는 타자의 흔적을 억압함으로써 형성되는 것이다. 인간 종을 남성 인간과 여성 인간으로 구별짓고자 하는 남성 중심적 사회의 지독한 욕망에 따라, 남성이 되기 위해서는 여성적인 것을 억압해야 하고 여성이 되기 위해서는 남성적인 것을 억압해야 한다. 하지만 억압된 타자성은 무의식으로 가라앉았다가 상황에 따라 다양한 모습으로 귀환한다. 그것은 배타적 젠더 구성 과정에서 입은 트라우마의 귀환이자, 환상의 베일로 더 이상 그런 상처를 감춰줄 수 없을 때 충동적으로 드러나게 된다.

젠더 무의식에는 온갖 정동이 뒤섞여 있다. 공격성의 뒤집힌 형태로서의 굴종, 증오의 전도된 형태로서의 사랑, 쾌락의 다른 얼굴로서 혐오 등. 글로벌 시대, 가부장적 국가의 글로벌 젠더 정치는 그런 정동을 초국적으로 재배치한다. 한류에 열광했던 사람들은 국가적인 이해관계에 따라 쉽사리 혐한으로 빠져든다. 사생팬은 쉽사리 안티팬으로 돌아선다. 혐오는 좌절된 쾌락의 폭력적인 드러남일 수 있기 때문이다. 사랑하는/사랑했던 사람에게 살해될 확률이 가장 높은 이유도 그 때문일 수 있다. 한국사회에서 2014년 한 해 동안 1.7일당 한 명씩 여성들이 살해당했고 1년 동안 114명의 여성들이 주로 전 애인, 전남편, 현재 남편, 현재 애인 등에게 살해당했다고 한국여성의전화는 통계로 보여준다.[33] 이처럼 나에게는 쾌

---

33   한국여성의전화는 2015년 3월 8일 여성의 날을 맞이해 지난해 언론에 보도된 살인 사건을 분석한 결과 한 해 동안 남편이나 애인 등 친밀한 관계에 있는 남성에게 살해당한 여성

락을 나눠주지 않는 대상에 대한 혐오는 사생결단하는 원초적 충동이다.

젠더 무의식은 여성은 육체로, 남성은 정신으로 구별 짓고 자기 안의 타자를 억압한 흔적이다. 정신분석학에서는 충동과 욕망의 관계를 상상계적인 육체와 상징계적인 거세 사이의 분열로 설명한다. 남성은 아버지의 법을 받아들여 거세를 받아들일 때 상징질서로 진입한다. 그 대신 잃는 것은 육체다. 반면 여성은 상징계로 진입하지 못한다는 점에서 육체로 존재한다. 그러므로 거세된 남성의 눈에 여성은 육체의 쾌락(혹은 주이상스)을 누리고 있는 것처럼 보인다. 남성으로서는 알 수 없는 쾌락을 즐기는 여성에 대한 시샘은 혐오로 뒤집힌다. 아이의 환상 속에서 여성은 쾌락의 비밀을 알고 있는 것처럼 오인하기 때문이다. 라캉 식으로 말하자면 몸을 가진 여성은 쾌락(혹은 주이상스) 자체이므로, 그것을 알려달라고 간청한다고 해서 알려줄 수 있는 것은 아니다. 여성이 자신의 쾌락에 관한 지식을 갖고 있을 것이라는 환상은 남성의 오인일 수밖에 없다. 지식 자체가 오인에서 비롯된 구조적인 것이라면, 이런 오인은 오인임을 지적한다고 하더라도 쉽사리 교정되는 것이 아니다. 이런 맥락에서 본다면 여성이 혼자 쾌락을 즐긴다는 환상에서 비롯한

이 114명으로 조사됐다고 3월 7일 밝혔다.

혐오는 교정하기 힘든 오인인 셈이다.

남성은 자신의 나약함 혹은 자신이 거세된 존재임을 환상의 베일로 가려주어야 자기 정체성을 확립하고 나르시시즘을 유지하게 된다. 하지만 메두사처럼 그런 환상의 베일을 찢음으로써 상처 입히는 존재가 여성이다. 이아손이 눈물 흘리는 나약한 모습을 보여주면서 그런 자신의 모습을 본 메데이아를 혐오하는 것처럼 말이다. 남성에게 상처를 준(불멸성과는 거리가 멀다는 것을 보게 만든) 여성은 그 대가를 치르게 된다. 남성들에게 환상의 베일 이면에 있는 자신의 실재를 강제로 보게 만드는 '마법적인' 존재가 여성이라고 한다면, 그들이 여성을 어찌 두려워하고 혐오하지 않겠는가.

그렇다면 여성을 혐오하게 만들었던 바로 그 '힘'을 여성들이 회복하는 것이 관건일 것이다.

젠더의
재마법화

2015년 한국사회는 물질적으로 풍요해졌다고 하지만, 그다지 행복해 보이지 않는다. 경제성장은 고용으로 연결되지 않고 사회는 양극화되고 있다. 한국은 OECD 국가 중 노인 자살률은 1위이고, 출산율은 꼴찌다. 2013년 3월 8일 영국 경제전문 주간지 《이코노미스트》가 '세계 여성의 날'을 맞아 발표한 '유리천장 지수'에서도 한국은 꼴찌를 차지한 바 있다. 출산율은 꼴찌여도 미혼모는 존중받지 못한다. 동일노동, 동일임금, 양성평등은 어디에도 없지만(#NotThere), 자기 자리를 빼앗는 여성들에 대한 페미포비아가 유포되고 있다. 젊은이들은 실직하고 노인들은 폐품으로 취급된다. 공부에 찌든 한국 아이들의 행복 지수 또한 꼴찌다. 이런 통계 수치대로라면 아이, 여자, 젊은이, 노인 할 것 없이 누구도 행복해 보이지 않는다.

이렇게 불행하고 불만족스러운 사회가 그나마 유지되려면, 쌓인 불만과 분노는 '누군가에게' 전가되어야 한다. 무엇보다도 유엔은 한국을 아동 학대 국가로 규정했다. 공부하라고 들볶으면서 아이들에게 놀 권리와 기회를 주지 않기 때문이다. 가문비에서 나온 동시집인 『솔로 강아지』(2015)에 실린 「학원가기 싫은 날」이라는 초등학생의 시는 "학원에 가고 싶지 않을 땐/ 이렇게// 엄마를 씹어 먹어/ 삶아 먹고 구워 먹어/ 눈깔을 파먹어/ 이빨을 다 뽑아버려"라고 노래한다.

한국사회에서 아이들이 이처럼 불행하다면, 아이의 양육을 거의 전적으로 도맡고 있는 엄마가 아이의 깊은 무의식 가운데 어떻게 애증의 대상이 되지 않을 수 있겠는가. 아이는 취약하고 무기력한helpless 존재다. 그렇기 때문에 아이에게는 절대적인 보호와 보살 핌이 필요하다. 아동기를 거치지 않고 살아남을 수 있는 인간은 없고, 그런 의미에서 아이의 취약성과 무력함은 인간의 조건을 구성한다. 그런 인간의 조건으로 인해 무력한 아이는 보살펴주는 사람에게 절대적으로 의존하지 않을 수 없다. 자신이 절대적으로 의존해야 한다는 사실 때문에 아이는 보살펴주는 자에게 사랑만큼이나 증오심도 투사한다. 아직 자신과 외부 세계를 제대로 구별하지 못하는 미분화 상태인 아이는 자신의 의존성을 상대가 의존하도록 만든다고 여기기 때문에 모친 살해 충동에 사로잡힌다. 아이의 양육과 교육을 엄마가 일방적으로 도맡아서 한다면, 이런 환상적 드라마 속에서 엄마라는 여성은 애증의 대상이 되지 않을 수 없다.

여성이 단지 여성이라는 이유만으로 혹은 모성적이라는 이유만으로 배려하고 보살피는 윤리적 주체라고 설득하는 것은 자승자박이다. 그럴 경우 사회 전체가 보살펴야 할 미래 세대를 여성에게 전부 떠넘기고 그로 인한 애증과 혐오까지 전부 감당해야 하는 것이 여성의 몫이 되어버린다. 사회적인 맥락의 고려 없이 보살핌 노동(감정 노동, 가사 노동)을 여성적인 윤리로 채택하게 되면, 여성은 정치의 장과 공적 영역에서 언제든지 배제될 수 있다.

여성이 보살펴주고 양육하는 역할에만 능한 것은 아니다. 여성 또한 자기 몸에 가해지는 폭력과 혐오에 맞서면서 몸의 주체가 되고 싶은 주체화의 열정을 갖고 있다. 여성은 자기 몸과 섹슈얼리티를 자신이 원하는 방식으로 결정할 수 있는 자기 결정권, 성적 자율권을 욕망한다. 여성에게는 원치 않는 임신을 하지 않을 권리가 있고 필요할 때면 낙태를 할 수도 있다. 여성이 피임, 낙태권을 획득하기까지 지난한 싸움이었다. 어떤 여성들은 결혼으로 존중받기보다 자유와 기쁨을 얻고자 했고, 결혼이란 감옥 대신 자신의 욕망에 충실하고자 했다. 그들은 결혼으로 가부장제를 떠받치는 지주支柱가 되기보다 억압적인 가부장제의 발밑을 허물어내고자 했다.

페미니즘은 여성을 인격적으로 존중하지 않는 가부장적인 국가와 '아버지의 법'에 분노를 드러내는 것에서 출발했다. 페미니즘은 여성의 몸과 섹슈얼리티에 가해진 다양한 폭력(가정 폭력, 성폭력, 성희롱, 포르노그래피, 성매매, 인신매매, 언어폭력)과 인격모독에 대해서는 깊이 '혐오'했다. 그 결과 페미니즘은 가정 폭력, 성폭력, 성희롱, 강간 등 여성에게 행해지는 모든 폭력을 혐오하면서 예방하고자 했다. 여기서 똑같이 혐오라고 할지라도 다 같은 혐오는 아니다. 가부장적 사회에서 오랜 세월 동안 혐오의 대상이 되어온 여성이 혐오에 혐오로 대응하는 것은 권력관계에서 남성의 여성 혐오나 하등 다를 바 없다는 식으로 곧장 등치시킬 수는 없기 때문이다. 비대칭적인 권력관계에 있는 부당 해고 노동자의 분노와 사용주의 분노를 분노라는 이유만으로 다 같다고 말할 수는 없다. 혐오의 젠더 정치화를 통해 여성에게 가해진 폭력을 해소하려고 한다면, 페미니즘은 혐오에 맞설 수 있는 힘을 키워나가야 할 것이다. 무시로 귀환하는 젠더 무의식을 어떻게 정치화할 것인가는 페미니즘이 고민하고 해결해야 할 과제다.

몸/정신, 여성성/남성성이라는 이분법적인 젠더 은유의 경제를 해체하지 않는 한, 우리는 젠더 무의식에서 벗어나기 힘들다. 젠더 형성 과정에서 원초적으로 경험한 쾌/불쾌가 젠더 이분법에서 비롯된 것이라고 한다면, 그런 몸의 젠더 정치를 해체하지 않는 한 젠더 무의식은 끊임없이 귀환할 것이기 때문이다. 그뿐 아니라 그런 젠더 무의식을 활용하는 가부장적 정치체body of politics를 함께 변혁시키지 않는 한 혐오 주체들은 끊임없이 생산될 것이다. 가부장적인 국가는 오랜 세월에 걸쳐 여성적 은유에 바탕을 둔 '혐오의 합창'을 생산해왔다. 여성의 자리를 모성으로 간주해 숭배하다가도 여차하면 혐오감을 부추기는 국가를 길들여야 하는 이유도 그 때문이다.

정치적, 경제적, 성적 주도권을 쥐고 자유롭게 살고자 했던 여성들은 가부장적 사회의 혐오를 더욱 피하기 힘들다. 여성들이 전통적 역할을 거부하고 성적인 자유를 원하는 것이야말로 젠더 무의식을 폭발적으로 자극한다. 그렇다고 여성 혐오에 기죽을 필요는 없다. 깊은 혐오는 깊은 공포와 매혹의 또 다른 표현일 수 있다.

혐오는 어떤 집단의 힘이 가시화되었을 때 드러난다. 따라서 주기적으로 귀환하는 젠더 무의식은 젠더 패러다임이 바뀌고 있음을 보여주는 것이다.

페미니즘은 출발부터 해방의 기획이었고, 그런 기획은 몸을 가지고 여성으로 살아가는 것과는 분리될 수 없다. 여성운동 단체인 페멘Femen의 선언처럼 여성에게는 '태초에 몸이 있었다'. 여성은 온몸으로 느끼고 그로부터 자유와 기쁨을 누릴 수 있었다. 그러던 어느 날 여성의 몸은 자유와 기쁨을 빼앗기고 메두사처럼 괴물로 추락하게 되었다. 페미니즘이 추문과 추락에서부터 '마법적'으로 비상하려면 '세포 하나하나를 모두 동원'해야 한다. 여성은 힘이 없었기 때문에 혐오의 대상이었던 것이 아니라 여성이 갖고 있었던 힘 때문에 혐오와 매혹의 대상이었다. 그러므로 혐오에 겁먹지 말고 한때 여성이 가졌던 힘을 되찾는 것이 급선무다. 지금, 여기서, 다시 메두사의 '마법적'인 힘을 얻게 될 때, 무시로 귀환하는 젠더 무의식을 동결시킬 수 있을 것이다.

언어가 성별을 만든다

정희진

정희진

메타 젠더주의자. 다학제적 관점에서 여성학, 평화학, 심리학 등
을 공부한다. 한국여성의전화에서 근무했고, 이화여대 여성학과
박사과정을 수료했다. 한국출판인회의 선정 '100권의 책' 저자, 경
향신문 선정 '뉴 파워라이터'. 저서로 『정희진처럼 읽기』, 『페미니
즘의 도전』, 『저는 오늘 꽃을 받았어요: 가정폭력과 여성인권』,
편저서로 『한국여성인권운동사』, 『성폭력을 다시 쓴다』, 공저로
『근대의 경계에서 독재를 읽다』, 『저항하는 평화』 등이 있다.

남성은 새로 시작할 필요가 없다. '아버지'의 어깨 위에서 인류의 지적 전통을 자연스레 전수받으며 세계를 조망하기 때문이다. 그들의 경험과 기존의 언어는 일치한다. 그들은 언어 없음으로 인해 고통받지 않는다.

— 거다 러너

아직 끝나지 않았습니까
꼭 끝난 줄 알았네
이 노래 언제 끝납니까
안 끝납니까
끝이 없는 노랩니까
그런 줄 알았다면 신청하지 않았을 거야

제가 신청한 게 아니라구요

그랬던가요 그 사람이 누굽니까

이해할 수 없군

근데 왜 저만 듣고 앉아 있습니까

전 이제 지긋지긋합니다

다른 노래를 듣고 싶다구요

꼭 듣고 싶은 다른 노래도 있습니다

기다리면 들을 수나 있습니까

여기서 꼭 듣고 싶은데, 들어야 하는데

딴 데는 가지 못합니다

세월이 남지 않았기 때문입니다

제발, 이 노래 좀 그치게 해, 이씨

— 이희중, 「끝나지 않는 노래」[1]

말이라는 것

언어는 사회적 약속이되 불평등 계약이다. '나'는 동의한 적이

1　이희중, 『참 오래 쓴 가위』, 문학동네, 2002, 116~117쪽.

없는 역사적 산물이어서, 우리는 일단 그것을 사회화, 교육, 공부라는 이름으로 전수받는다. 이 글은 기본적으로 말에 관한 것으로, 여성 혐오 현상과 관련해서 성별과 '언어'의 관계에 초점을 맞춘다. 내가 아는 한, 말은 페미니즘의 시작이자 끝이다. 가부장제patri/archy와 젠더 체제gender system가 동의어는 아니지만, 가장 간명한 공통적 정의는 남성의 삶과 기존 언어는 일치하지만 여성은 그렇지 않다는 점이다. 여성의 삶을 드러내는 언어는 없다. 이는 기본적으로 권력과 지식의 문제이기 때문에 인종, 계급, 지역, 장애, 성 정체성 이슈에도 마찬가지로 적용된다. 언어를 갖지 못한다는 것은 타인이 나를 규정하는 피식민 상태를 살아간다는 것이다.

페미니즘은 여성의 노동practice이 남성의 노동과 다르다는 것, 여성의 삶이 어떻게 말의 근거가 되는가에 대한 고민에서 출발했다. 여성의 목소리가 기존의 언어를 재구성rethink, remap, position, de-colonize하는 데 어떤 윤리와 정치가 요구되는가? 당연시되던 인식을 다른 관점에서 생각하고, 논의 구도를 재배치하고, 누가 말하는가보다 누가 듣는가를 고민하고, 언어의 세계에 중립이 없음을 깨닫고, 인식 과정의 식민성에 직면하는 것. 그 작업은 매우 광범위하다. 정체성으로서의 여성에서부터 여성이 실재하는가에 대한 논의까지, 자매애에서부터 여성 간의 적대적 모순까지 모두 페미니즘의 의제다. 이런 사고방식은 여성만을 위한 것이 아니고 평등 이슈에 국한되는 바도 아니다. 페미니즘의 사고방식은 모든 인식론의 기본이 된다. 그것은 인류의 역사를 수정하는 작업이며, 정의와 인권이라는 보편적 의제를 상정한다. 페미니즘은 가부장제 사회에 대항하거나 반대하는 담론이 아니다. 일단, 그것도 불가능한 임무다. 또한 페미니즘은 새로운 언어를 만드는 것이 아니라 남성의 언어를 상대화하고 재해석하는 실천이다. 인간의 경험은 구조를 초과한다. 자본주의 사회에서 사회주의자가 탄생하듯이, 압도적인 남성 중심 사회에서도 페미니스트는 등장한다. 모든 역사는 사회적 산물이며 우리 내부에서 일어나는 일이다.

여성의 언어와 남성의 언어. 이 상황을 모국어의 문제로 비유하면 이해하기 쉽다. '미국=글로벌'이고 영어가 지구인의 언어인 세상에서, 한국인과 (한국이 어디 있는지도 모르는) 미국인이 영어로 대화해야 하는 극단적 비대칭의 권력관계와 같은 것이다. 글로벌라이제이션은 인류 역사 전체로 보면 근래의 일이지만, 여성이 남성의 언어로 소통해야 하는 상황은 계급의 탄생 직후부터다. 수천 년의 역사다. 사람들은 소통과 대화라는 말을 좋아한다. 그만큼 그것을 희망하지만 대화의 전제에 대해서는 의문을 갖지 않는다. 내게 대화는 많은 경우 폭력, 모욕, 답답함, 울화통, 당황, 절망의 경험이다. 영어가 모국어인 사회에서 영어를 못하는 사람이 당하는 그 심정, 딱 그대로다. 아래 인용문은 말 자체란 없으며 누가 말하는가에 따라 똑같은 말이 모욕의 근거가 될 수 있음을 보여준다.

전라도 사람이 천대를 받기 때문에 전라도 말이 천하게 들리는 건지, 전
라도 말이 천하게 들려서 전라도 사람들이 천대를 받는 건지 거기에 대
해서 곰곰 생각해보기까지 했어. 물론 곧 앞쪽이 옳다는 걸 알았지만.
언어라는 것은 권력인 것 같아. 아니 억압인 것 같아. 무지막지한 억압.
(…) 말의 그 전제주의, 표준어의 그 전제주의 말이야… 정말 끔찍한 독재
자야, 말은. 물론 그 독재력의 원천은 그 말을 사용하는 사람들의 힘이나
귀한 사람들이라는 한 가지 이유뿐이지… 그리고 마침내 그 말 자체가
어떻게 그렇게 큰 힘을, 그 배타적인 독재력을 행사할 수가 있는지.[2]

인류, 남성 man/kind의 언어는 어떻게 만들어졌는가. 그들은 스
스로 언어를 만들었을까. 물론 그런 언어는 없다. 인간의 가장 오래
된 외부는 여성이다. 여성은 인간이 아니라 남성(one)을 제외한 나
머지들, 타자다. 여성, 이 두 번째 인간 The Second Sex은 모든 타자의
원형이 되었다. 지구상에는 남성과 여성, 두 개의 성이 아니라 남성

---

2   고종석, 「제망매(祭亡妹)」, 『제26회 동인문학상 수상작품집』, 조선일보사, 1995, 103
쪽. "단편소설로서 거의 완벽에 가까운 완성도를 보여주었다"는 문단의 평가를 받은 이 소설
을 맥락없이 편의적으로 발췌했다. 작가의 양해를 구한다.

과 '그 밖의 성'(성소수자, 아줌마, 가난한 남성, 노인, 제3세계 사람…)이 살고 있다.

민주주의는 타자 없는 사회를 말한다. 주체와 대상의 구분이 없는 사회. 그러나 인류는 아직 이 민주주의를 실현해본 적이 없다. 인간(남성)은 타자에 의존해 자신을 만들고 설명해왔다. 파농과 레비나스가 "주체는 타자의 인질"이라고 외쳤지만 이 진리를 자신에게 적용하는 사람은 드물다. 자신의 형성에 대해 생각하는 것, 이것이 민주주의다. 우리는 타자the others와 타인different person을 구분하지 못한다.

가부장제 사회에서 기대(강요)되는 여성의 역할은 남성의 도구가 되는 것이다. 여성의 몸이 수행해야 할 것은 언어가 아니라 남성, 가족, 국가를 위한 노동이다. 이 규범은 절대적이다. 이 규범을 의문시하거나 거절하는 여성에게 가해진 형벌은 화형, 강간, 살인 등 다양했다. 인류의 역사를 '남성 중심적'으로 요약한다면, 남성이 자기 외부인 여성을 어떻게 변주해왔는가일 것이다. 여성에 대한 태도는 노동 착취, 폭력, 마녀사냥, 강제 임신부터 '박근혜'(아버지의 딸)로 상징되는 중산층 여성에 대한 욕망까지 다양하다.

여성은 실재가 아니라 재현이다

　여성 혐오 발화는 가부장제의 일상이지만 시공간적 맥락과 배경이 있다. 여성 혐오는 공기와 같은 '자연스러운' 현상이기 때문에 그것이 문제화되었을 때만, 우리는 공기에 이상이 생겼다는 것을 알게 된다. 그러므로 어떤 의미에서는 문제는 여성 혐오 자체가 아니라 '지금, 여기'다. 남녀 간의 임금 격차, 빈곤의 여성화는 여전하지만 상대적으로 혹은 재현의 영역에서 성차별보다 남성과 남성, 여성과 여성의 격차가 가시화되자 일부 남성들은 자신의 계급적 처지를 젠더로 '해결(전가)'하기 시작했다. 그 방식이 가장 익숙하기 때문이다.

　가부장제 사회가 작동하는 방식 중 하나는, 성별 이슈에는 '과거가 없다'는 인식이다. 성별 이슈를 제기하면서도 페미니즘을 공부하지 않는다. 여성의 역사를 무시한 채 자신이 처음 제기했다고 생각하는 경우가 많다. 남성의 역사는 이어지지만 여성은 단절되어, 언제나 자기가 '처음'이다. 여성학자 김은실은 이를 남성의 역사는 '역사', 여성의 역사는 '에피소드'로 간주된다고 말했다. 그래서 처음 페미니즘에 대해 관심을 갖게 되면 여성이든 남성이든 '페미니스트'든 모두, 자기 혼자 '이 엄청난 사실을 알게 되었다'는 외로운 선구자 의식과 동시에 피해 의식과 울분을 갖기 쉽다. 이전 시대 여성의 삶을 존중하지 않는다. 여성의 경험은 공유되지 않고 여성의 역사는 전수되지 않기 때문이다. 나는 이 문제가 젠더 체제의 가장 '비참한' 성격이라고 생각한다.

여성은 처음부터 시작한다. '같은' 억압에 반복해서 대응해야 하고, '같은' 이야기를 반복해야 한다. 나는 이 고통을 거부한다. 그러므로 여성 혐오 현상에 대해서 대응하지 않는 것도 하나의 방법이라고 생각한다. (인터넷을 사용하지 않는 나는 애초에 팟캐스트 '옹달샘'을 둘러싼 논쟁도 알지 못했다.) 평생을 자신과 자신이 속한 집단에 대한 모욕에 대응하면서 인생을 낭비하는 것이야말로 '그들이' 원하는 것이다. 미국처럼 사법상 혐오 범죄hate crime 규제를 법제화하거나 국가가 해결할 일이다. 그러나 한국사회는 언제나 피해자가 나서야 하고, 가해자는 '표현의 자유'를 외친다.

그러나 공중파 방송에서의 노골적인 발화는 다르다. 그래서 나는 이런 글을 '또' 쓴다. 물론 작금의 여성 혐오 현상은 남성 실업의 일상화, 즉 자본주의의 질적인 변화와 매체 환경의 급격한 변화와 맞물린 시대적 배경이 있지만, 나는 기본적으로 낡은 새로움이라고 본다. 여성 혐오, 약자 혐오, 피해자 혐오에 대해 한국사회는 유독 관대하다. 자신과 체제에 대한 분노를 약자에게 투사하는 방식, 생각하지 않아도 되는 문화, 모든 계급 갈등을 봉합하는 막강한 남성 연대….

인간에 대한 가장 큰 오해는 페미니즘에 대한 오해로 이어진다. 1) 남성과 여성은 실제로 존재하며 2) 인간은 양성으로 이루어져 있고 3) 남성과 여성이라는 차이가 차별로 이어져서는 안 되고 4) 남성다움과 여성다움은 조화를 이루어야 하는데, 그 조화를 파괴하는 사람은 페미니스트이며 5) 양성은 평등해야 한다는 것이다. 이 다섯 가지 통념 중 사실은 한 가지도 없다. 진실도 현실도 아니다. 일단, '과학'이 아니다. 이에 관해서는 수천 권의 책이 있으니,[3] 이 글에서 설명할 필요는 없겠다. 성차는 만들어진 것이다. 누적된 실천이 그것을 사실인 양 만들었을 뿐이다. 실제로는 남성과 남성의 차이, 여성과 여성의 차이가 남녀 차이보다 큰 경우가 많다. 남녀 이분법, 즉 양성 개념은 성립할 수 없다.

이분법 중에서도 왜 하필 양성이 대표 주자일까. 사람의 반대말이 신, 귀신, 동물이라고 생각하는 사람도 있고, '창녀'나 '병신'이라고 생각하는 사람도 있다. 여성의 반대가 남성이라고 생각할지 모르지만, 여성의 반대를 아줌마라고 생각하는 사람이 더 많을지

---

3 페미니즘 '입문서'로서 권할 만한 책은 『여성과 남성이 다르지도 똑같지도 않은 이유』, 『젠더 무법자』, 『여성, 거세당하다』, 한국사회 상황으로는 『하늘을 덮다: 민주노총 성폭력 사건의 진실』, 『성폭력을 다시 쓴다: 객관성, 여성운동, 인권』 등이 있다.

도 모른다. 장애인의 반대말은 일반인이 아니라 비장애인일 수 있다. 물론 일반인에게는 비장애인이라는 말이 익숙하지 않을 것이다. 비장애인 중심 사회가 당연하다고 생각하기 때문이다.

대전에서 서울로 이동하는 것은 상경上京이지만, 서울 이북 지역인 의정부나 강원도 북부 지역에서 서울로 오는 것은 하경下京이다. 그러나 모두 알다시피 '하경'이라는 말은 사용하지 않는다. 문제는 이분법 자체라기보다 그것을 정하는 권력의 위치를 찾아내는 것이다. 차이는 사람이 만드는 것이다. 약속을 달리 정하면 된다. 이분법의 기준과 종류를 다양하게 만드는 첫 단계는, 수천 년 동안 인간의 목소리를 독점해왔던 이들의 사고방식을 상대화하는 것이다.

여기서 초점은 우리가 여성, 남성이라고 인식하는 인간이 실재하는가이다. 주민등록번호 뒷자리 첫 번째 숫자의 다름은 국가가 만든 것이지 자연스러운 것이 아니다. 이런 차이 말고 일상적으로 여성과 남성임을 증명해주는 성별화된 외모, 본인의 정체성, 여성성(여성다움)과 남성성(남성다움)이라는 규범에 얼마나 충실한가이지 자명한 진실로서 성별은 없다.

인간은 여성으로 태어나는 것이 아니라 만들어진다(시몬 드 보부아르). 이 유명한 테제는 오해를 불러일으킨다. 정확하게 말한다면, 사람은 여성으로 태어나는 것이 아니다(모니크 비티그). 사람은 누구나 사람으로 태어나지만, 가부장제 사회에서만 남/녀라는 코드가 부여되며 인간을 구분하는 가장 중요한 요소가 된다. 즉, 생물학적 성별이라고 일컬어지는 섹스 자체가 이미 젠더다(주디스 버틀러). 노예노동과 자원 약탈로 시작된 산업혁명과 자본주의가 시작되면서 인종 개념이 생겨났듯 모든 인간의 범주(구별)는 역사의 산물이다. 성별이 당연하기 때문에 차이나 차별이 불가피한 것이 아니다. 인간을 성sex을 기준으로 구별gender해야만 가부장제 사회가 작동하기 때문이다. 우리가 여성 혹은 남성이라는 증거는 성기 모양이나 출산력 여부가 아니라 젠더 이데올로기에 의한 행위와 담론의 산물이다. 그렇다면 여성에 대한 이야기들은 어떻게 만들어질까. 여성에 대한 이야기는 어떻게 여성이라는 가상의 이미지를 만들어내고 여성이라는 기호는 어떻게 실제 사람이 되는가.

여기 두 종류의 '장르'가 있다. '여자란 무엇인가' 류, '글쓰기 비법' 류. 인류 역사상 웬만한 남자 지식인 치고 이 두 가지 책을 안 쓴 이가 드물다. 이 사례만큼 지식 생산과 성별 사이의 관계를 잘 보여주는 증거도 없다. 뮤즈는 성별화된 대상의 정점이다. 대상objet은 주체subject에게 재료를 제공하고 사라진다(의문을 품으면 '카미유 클로델'이 된다). 그래서 '여성은 누구인가'가 아니라 '무엇인가'다. 흑인은 무엇인가, 장애인은 무엇인가라는 말은 없다. 여성의 사물화事物化는 가부장제의 역사다.

"동물의 세계에 먹고 먹히는 자가 있다면, 인간에게는 명명하고define 명명당하는 사람이 있다." 모든 인식은 기본적으로 투사投射다. 아는 과정에는 자기 의견, 희망, 욕구가 반영된다. 아전인수는 '아전인수식 해석'의 문제라기보다 언어의 본질이다. 모든 사물에 관한 정의에는 그 대상에 대한 이해관계와 원망願望, want이 포함되어 있다. 말을 만드는 사람의 경험이 말을 구성한다. 과학도 신도 조물주도 자기 입장이 있다. 이제까지 인류의 지식이 백인 남성의 것이라는 데 이견은 없다. 특히 근대에 이르러서는 이들의 시각이 전 세계를 지배하게 되었다. 이들이 틀렸다는 것이 아니라 그들만의 협소한 렌즈로 본 세계가 유일한 진리로 군림하는 세계에 살고 있다는 인식이 중요하다는 뜻이다.

'왜 언어가 철학에서 중요한가'라는 제목의 책이 있다.[4] 시대적 맥락과 번역서라는 점을 고려한다 해도 동어반복이다. 언어가 바로 철학이다. 인간이 사회적 동물이라는 말의 의미는 인간이 생각하는 동물이라는 뜻이다. 그 생각은 어떻게 가능한가? 인간은 무엇으로 생각을 하는가? 생각이라는 노동은 언어라는 경로를 통해서만 가능하다. 언어(개념) 없는 생각은 불가능하다. "나는 생각한다, 고로 존재한다"가 아니라 존재하기 때문에 생각은 불가피한 것이며, 그 생각은 자신이 속해 있는 시공간의 절대적인 영향을 받는

---

4 이언 해킹, 『왜 언어가 철학에서 중요한가』, 선혜영 옮김, 서광사, 1989.

다. 자신과 자신이 속해 있는 구조와의 관계를 사고하지 않는 언어는 폭력과 폭력적인 체제를 재생산하게 된다. 그래서 조금이라도 다른 생각을 한다는 것은 외로운 일이며, 폭력이란 생각하지 않는 상태를 말한다.

인간은 언어를 사용하지만 동시에 언어를 생산하며 언어에 의해 형성된다. 인간은 하느님의 피조물이 아니라 언어의 피조물이다. 그래서 여성은 남성이 만든 재현물이다. 프로이트는 이 문제를 겸손하게 말했다. "나는 여성을 알 수 없다. 여성이 원하는 것은 무엇일까." 이 말이 영화 제목으로도 유명한 '왓 위민 원트'(여성이 원하는 것, What Women Want)라는 일상어다.

표현할 말이 있는가?
— 표현의 자유라는 문제

한국사회에서 표현의 자유는 의문의 여지가 없는 민주주의의 상징이다. 그래서인지 공적 영역에서 공공성의 수위를 넘는 발언들, 즉 '막말'도 표현의 자유로 쉽게 수용된다. '할 말은 하는 신문'이라는 문구에서 보듯 언론의 자유는 말할 것도 없고, 국가보안법이 버젓하기 때문에 자유주의 세력, 범진보 진영, 법학자들에게 이 문제는 아주 중요하다. 특히 인터넷 실명제 논란에서 보듯이 정치적 성향에 관계없이 네티즌들에게 표현의 자유는 '진리'다.

10여 년 전의 일이다. 나는 어느 진보 정당의 인터넷 게시판에서, 게시판의 성격이나 정당의 지향과 상관없이 갑자기 올라온 여성의 노출 사진에 대해 문제제기(라기보다는 질문)를 한 적이 있다. 여성의 벗은 몸을 게재할 수는 있다. 문제는 맥락이다. 그 사진들이 논쟁 중 '쉬어가는', '눈요기', '안구 정화' 차원으로 게시된 것이다. 그런 사진을 의문시하는 것만으로도 나는 표현의 자유를 억압하는 '파시스트'라는 폭격을 맞았다. 사용자 대부분은 한국을 '대표'하는 진보 논객들이었다.

나는 우리 사회에서 가장 오해된 담론 중 하나가 표현의 자유라고 생각한다. 정확히 말하면, 모든 자유주의 언설이 그렇듯 표현의 자유는 특정한 변수로 논의의 범위를 고정시키지 않으면, 권력자의 도구가 된다. 표현의 자유는 언어가 없는 사회적 약자에게 의미가 없다. 내가 글을 쓰기 시작한 이래 지금까지 나는 표현의 자유를 누린 적도, 그 덕을 본 적도 없다. 오히려 나의 말과 글은 언제나 '특이(이상)하다', '남성의 자유를 억압한다'고 지적받아왔다.

표현의 자유는 모든 이에게 동등한 방식으로 적용되지 않는다. 이것은 가장 중요한 정치학이다. 인종, 젠더, 계급 간의 위계에서 약자에 대한 강자의 표현의 자유는 혐오 범죄일 뿐이다. 스테판 에셀의 유명한 구절에서 보듯 세계인권선언에서 말하는 자유는 "닭장 속의 여우가 제멋대로 누리는 무제한의 자유가 아니다". 주지하다시피 표현의 자유는 근대 인권 사상의 핵심이며, 대표적으로 언론과 출판의 자유를 말한다. 표현의 자유는 태생적으로 보편적이지 않았다. 약자를 위한 편파적인 권리였다. 국가권력에 비해 약자인 개인의 목소리를 보장하기 위한, '균형이 깨진' 권리였다. 표현의 자유가 모든 이에게 똑같이 보장된다는 인식 자체가 표현의 자유의 정신에 어긋난다. 표현의 자유는 보편적인 권리가 아니라 당파적인 권리, 즉 보편성을 향한 권리다.

민주주의는 완성이 아니라 추구의 과정이다. 인간의 범위가 확대된다 해도, 비인간의 범위 역시 계속 발명되기 때문이다. 근대적 인권 개념의 형성 과정에서 인간의 의미는 애초부터 제한적이었다. 인간의 범위를 확대해가는 과정이 인권의 발전이다. 프랑스혁명 당시 인권은 '일정액의 세금을 낼 수 있는 중산층 백인 남성 시민'에 한정되었다. 노예, 어린이, 여성은 시민이 아니었다. 주지하다시피 프랑스 혁명은 봉건 세력에 대항하는 부르주아 시민의 탄생을 의미하는 것이었다. 그렇기 때문에 당시 인식에서 인간의 범위는 제한적일 수밖에 없었다.

표현의 자유를 둘러싼 지금의 논의에서 가장 핵심적인 쟁점은, 표현의 자유 이전에 표현할 내용이 있는가 하는 문제다. 이 글을 포함해서 대개 우리가 사용하는 언어는 이데올로기(지배자와 피지배자가 합의한 통념)에서 크게 벗어나지 않는다. 다시 한 번 묻건대, 말할 자유보다, '할 말'이 있는가? 표현의 자유를 누리는 사람들이 하는 말은 자신의 말인가? 표현의 자유를 맘껏 누리는 이들에 의해 억압받는 사람들. 이들은 대항할 언어가 있는가?

약자의 표현의 자유권 문제는 주로 사법적 판단(국가보안법)이나 제도 언론에 대한 접근성 차원에서 논의되지만, 문제의 본질은 그것이 아니다. 오히려 평범한 일반인들이 1인 매체를 갖게 되면서 여성 혐오는 막을 수 없는 봇물이 되었다. '우리는 모두 소수자다'라는 것을 전제한다면, 대부분의 사람은 표현의 자유를 말할 수 있는 자기 언어를 갖고 있지 못하다. 그 대신 지배 이데올로기를 자기 생각이라고 착각하며 산다. 특히 사회적 약자에게 혐오 발언을 일삼는 이들은 자기가 누군지 모르는 이들이라 할 수 있다. 그들이 사용하는 언어는 소속이 없다. 권력자의 언어도 아니고 자기 언어도 아니고 '같은 소수자'인 자신을 대변하는 언어도 아니다.

지금 우리가 사회적 약속이라고 믿는 언어는 서구, 백인, 중산층, 남성, 이성애자, 젊은 사람, 비장애인의 언어다. 통치 세력이 '관용을 베풀어서' 약자에게 표현의 자유를 마음껏 허락한다 해도, 약자가 곧바로 그 자유를 누릴 수 있는 것은 아니다. 누구나 표현의 자유를 원하는 것 같지만 실제로는 '사양'하는 경우가 더 많다. 극단적으로 비유하면, 한국인에게 말의 자유를 허락하되 영어로 말하라는 식이다. 성별, 인종, 계급, 지식 자원 등에서 사회적 약자의 언어는 이미 지배 담론과 매체에 포섭되어 있다. 당연히 설득력이 떨어지고, 오해받고, '말더듬이 바보'에, 흥분하거나 화가 난 것처럼 보인다. 오랫동안 약자였던 집단은 자신이 원하는 것이 무엇인지 모르는 경우가 많다. 세상은 이들에게 요구한다. 너의 의견을 논리적으로, 세련되고, 우아하게 말하라고. 동시에, 네 주장은 시기상조이며 말하는 너의 존재가 무섭다고, 우리는 펜을 쓰는데 너희는 칼을 쓴다고 비난한다. 여성이나 '유색인종'이 그들의 시각으로 말한다면, 사람들은 불편해하고 불쾌해한다. 게다가 가장 심각한 문제는 못 알아듣는다는 점이다.

페미니즘은 인식론
― 지식 생산과 성별

조물주 외에는 누구에게나 억울한 일이 있다. 기존의 언어가 어느 측면에서든 기득권자의 입장에서 구성되어 있기 때문이다. 대통령이 아닌 이상, 아니 대통령조차도 억울하다. 말은 경합되기 때문이다. 그런데 그 경합의 현장은 평평한 땅이 아니다. 논쟁은 언제나 기울어진 운동장에서 벌어진다. 한쪽은 견고한 바닥에서 운동화를 신고 있으며, 한쪽은 흔들리는 땅에서 하이힐을 신고 있다(신을 것을 요구받는다).

여성들이 흔히 경험하는바, 익숙하게 들리므로 틀린 말은 아닌 것 같은데 뭔가 불쾌하고 분한 감정이 드는 말을 들으면 당황한 채 제대로 대응하지 못하는 자신을 스스로 탓하게 된다. 이것이 정치이며, 이 느낌이 바로 정치의식이다. 물론, 이는 논리나 지식과 같은 개인의 역량 문제가 아니다. 내가 사회적으로 불리한 위치에 있기 때문에, 개인적으로나 집단적으로 따로 공부해야 하는 문제다. 누구나 논쟁에서 이기고 싶어 한다. 이것은 자기가 옳다는 믿음 혹은 차별은 부당하다는 인식에서 나오는 당연한 욕망이다. 상대방이 하는 말이 분명 틀렸는데, 부정의한데, 기분 나쁜데, 내게 대응할 논리가 없을 때처럼 억울한 일은 없다.

노자勞資, 흑백, 남녀 관계가 대칭적이라면 세상은 유토피아일 것이다. 자본과 노동이 같은 대우를 받지 않듯, 인종 차별이 백인에 대한 차별을 의미하지 않듯 여성 혐오와 남성 혐오는 반대말이 아니다. 특정 계급의 남성(예컨대 조폭)에 대한 공포가 있지만, 이는 남성 혐오가 아니라 계급 혐오로 남녀 모두가 공유하는 것이다. 여성학의 반대말은 남성학이 아니다. 남성성 연구는 젠더 연구의 중요한 분야일 뿐이다. 비장애인의 교육은 교육학이고, 장애인은 특수

교육인가? 동성애자 연구는 많지만, 이성애자 연구를 표방한 책은 많지 않다. 이것이 이성애자가 차별받는 증거일까? 이성애는 자연의 법칙으로 의문의 여지가 없다고 간주되므로, '연구'하지 않아도 되는 것처럼 보인다. 약자는 늘 자신을 설명해야 하기 때문이다.

페미니즘은 시각이지 하나의 분과 학문이 아니다. 마르크스주의 시각이 철학, 경제학, 지리학, 미학, 심리학, 정치학, 문학에 녹아 있듯이 페미니즘 역시 마찬가지다. 예를 들어 내가 자기소개를 '여성학 강사'에서 '녹색당 당원', '지역차별 연구자', '평화학 연구자'로 바꾸었다고 해서 '변절'한 것이 아니다. 이 문제는 나의 경우를 넘어서, 페미니즘이란 무엇인가에 대해 논쟁할 수 있는 좋은 사례다. 페미니즘은 가치관, 방법론, 인식론, 세계관이지 특정 분야에 국한된, 여러 학문 중 하나가 아니다. 더구나 젠더는 언제나 복합적으로 작용한다. 인간사 모든 문제가 젠더 문제라고 할 수는 없다. 젠더와 관련해서 '맥락이 있다'는 것은 젠더라는 산소가 다른 사회적 모순과 결합될 때만 '화재가 발생한다'(=젠더 현상이 일어난다)는 의미다. 젠더든 계급이든 민족 모순이든 홀로 작동하는 경우는 없다. 의미의 탄생 자체가 이미 상호 의존적이었기 때문에 젠더가 먼저냐 계급이 더 중요하냐는 논쟁은 무의미하다.

한국사회에서 여성학은 특수한 경우다. 연구 분야가 광범위하기 때문에 임시방편으로 쓰고 있는 것이다. 여성학이라고 불리는 연구에는 성차별 보고도 있고, 사회 구성 요소로서 젠더의 역할을 보여주는 것도 있고, 단지 연구 대상이 여성인 경우(그래서 성차별적인 연구)도 있을 수 있고, 젠더를 인식론으로 보는 메타meta 젠더 이론도 있을 수 있다. 나는 한때 자주국방 담론의 식민성에 대해 연구한 적이 있는데, 자주국방과 한미동맹의 논쟁 구도 자체를 문제 삼고자 하는 것이었다. 그 논의에는 여성이 한 명도 등장하지 않지만, 나는 여성학 연구라고 생각한다. 여성학은 홀로 존재할 수 없다. 일단 페미니즘의 시작 자체가 마르크스주의와 프로이트주의를 두 개의 기둥으로 삼아 출발했다. '평화학'이라는 말도 난센스다. 나는 페미니즘 시각의 평화학을 지향하지만, 페미니즘 평화학 자체도 단일하지 않다. 대개 사람들이 생각하는 평화학은 안보학, 현실주의 국제정치학, 힐링, 종교, 교육학, 신학 등을 망라한다. 무엇이 '진정한 학문'이라고 합의할 수 없다.

　　요즘 다학제多學制가 유행이라고는 하지만 실제는 오히려 다학제의 반대 현상이 흔하다. 이는 지식과 권력의 문제를 적나라하게 보여준다. 다학제는 자기만의 관점(당파성)에서 다양한 분야의 지식을 조직하고 횡단해 기존의 학문을 확대, 새로운 영역을 창출하는 것이다. 그런데 지금 진행되고 있는 다학제 방식은 기득권을 가진 제도권의 전공자가 마이너리티 분야에서 이미 진행되어온 논의를 새로운 연구인 양 발표하거나 영토 없는 지식인의 작업을 전유하는 형태로 이루어진다.

예를 들어 여성학에서 1970년대부터 반복해서 진행되어온 연구를 제도권에서 안정적 지위를 확보한 분과 학문의 전공자들이 자기 분야에 부가하면, 참신한 시각으로 각광받는다. 이것은 통섭도 협력도 심지어 절충도 아니다. 그냥 권력 행위다. 같은 이야기를 페미니스트가 하면 어려운 이야기, 학문이 아닌 이야기가 되지만 단지 여성 female 사회학자나 남성이 하면 새로운 연구가 된다. 즉, 지식의 내용이나 맥락이 중요한 것이 아니라 누가 말했는가가 중요한 것이다. 말할 만한 사람(성별, 학벌, 지위…)이 말해야 한다는 것이다. 이미 수많은 여성 연구자들이 해놓은 연구를 단지 남성이 했기 때문에 학술상을 받고 매체에 크게 기사화되는 경우도 많다. 여성이 했다는 이유로 기존 연구를 완전히 무화시키는 것이다. 한국학술진흥재단 등재지에 실린 어떤 논문은 군사주의에 관한 연구 동향을 리뷰하면서 "일상의 군사화에 대한 연구가 필요하다"는 '올바른' 결론을 내렸는데, 바로 일상의 군사화에 대한 가장 널리 알려진 논문을 하나도 언급하지 않았다. 이것은 글쓴이의 성실성의 문제일까, 어떤 의도일까. 알 수는 없지만 이해할 수 없고 안타까운 일이다.

여성학에만 국한되는 이야기가 아니다. 소속이 없거나 소속을 버린 사람은 여러 분야를 깊게 알아도 협소한 공부를 한 사람으로 여겨지고 취업도 어렵지만, 무리에 속한 사람은 하나만 알아도 전문가가 된다. 그렇다고 한 가지만 아는 사람이 열 가지를 아는 사람보다 더 깊이 있게 아는가? 그렇지 않다. 정확히 말하면, 그럴 수 없다. 지식 생산의 배경과 전제, 연관성을 고려하면 '하나를 깊이 판다'는 것은 의미 있는 행위지만, 그 뜻은 재정의되어야 한다.

한국사회의 지식 생산에는 소재주의, 즉 연구 대상에 대한 대상화가 만연하다. 거기서 '여성'은 가장 만만한 소재다. 페미니즘이나 평화주의 관점에서 기존의 지식을 재해석하고 비판하는 '다른 목소리'를 내기보다 특정 분과에 소속되어 있으면서 그 영토의 보호를 받으며 '소수자 문제'를 '다루는' 방식이 흔하다. 관점을 지닌 채 다양한 분야를 연결 짓는 사람은 탄생하기도 어렵고 환영받지도 못한다. 평생 여성학(다른 분야로 바꿔도 무방하다)을 공부한 사람은 다학제적 연구를 한 사람이 아니고, 다른 학문을 하다가 소재로서 한 편의 '여자 관련' 논문을 쓰면 다학제 연구자가 된다. 그것은 다학제가 아니라 '다영토'라고 불러야 할 것이다.

페미니즘은 여성을 설명하기 위한 것이 아니고, '장애인 문제'는 장애인의 고통을 알리기 위한 책이 아니며, 레즈비어니즘 역시 마찬가지다. 이것은 모두 인간에 대한 이야기다. 우리 인간은 젠더, 이성애 제도의 산물이다. 자기 자신을 알기 위해서는 타자를 알아야 한다. 무엇보다 남성, 비장애인, 이성애자는 자신을 주체로 만들기 위해 동원된 타자에 대해 알지 못하면 자기를 알 수 없다. 이 책에서는 그렇지 않지만, 대개 여러 사람의 글을 모아 단행본을 만들 때 내게는 언제나 '여성, 소수자 분야'가 할당된다. 쓸 수도 안 쓸 수도 없는 딜레마에 빠질 때가 많아 궁여지책으로 다른 이들을 소개하는 경우가 많다. 나는 소수자도 아니고 그 대표는 더더욱 아니다. 소수자 문제? 소수자 분야? 그런 것은 없다. 다수와 소수를 구분하는 폭력과 그 폭력에 편승한 권력이 있을 뿐이다. 왜 사람들은 자기 자신을 당연히 다수라고 생각하거나 소수와 다수를 구분하는 '창조주'로 생각하는 것일까. 내가 누구인가의 문제는 생각하지 않아도 되는, 타고난 자연스러운 권리인가? 언어는 자기 탐구에서 시작된 행위다. 앎/삶의 영역에서 가장 중요한 문제는 자기 탐구다. 그것이 시작이자 끝, 전부다.

말하는 자연,
여성에 대한 혐오

서구에서 중세가 지나고 '인간'의 개념이 등장하자 여성은 곤란한 존재가 되었다. 인간일 수 없지만 아니라고 할 수도 없었다. 그래서 발명된 것이 공사 영역의 분리다. 여성은 인간이되 사적인 존재가 되었다. 혹은 여성은 자연과 인간의 중간, '비서구인'은 동물과 인간의 중간으로 재현되기 시작했다. 이것이 근대의 시작이요 전제다.

우리 사회에서 여성 문제, 성별 제도에 대한 지식은 정치의 영역으로 간주되지 않는다. 그것은 사소한 문제다. 우리 사회에는 장애, 성별, 이성애 제도에 대한 지식이 없다. 나는 '정상인'들의 무지가 차별의 엔진이라고 생각한다. 당하는 입장에서는 매번 대응할 수도, 교정을 요구할 수도 없는 고단한 삶이다. 헌데 무지를 부끄러워하기는커녕 나서는 사람들이 있다. 이유는 간단하다. 그래도 되기 때문이다. 세상에서 가장 무섭고 해결하기 어려운 권력은 '몰라도 되는 권력'이다. 최근에 나온 해릴린 루소의 『나를 대단하다고 하지 마라』[5]에는 "무지한 사람들과의 달갑지 않은 조우"라는 장이 있다. 나도 매일 듣는 레퍼토리다. 무지clueless는 지식이 없다는 뜻이 아니다. 영어의 '클루'는 단서, 실마리이므로 클루가 없는 인간은 '개념이 없는, 어디서부터 손대야 할지 모르는 사람'을 가리킨다. 그런 사람들은 대화는커녕 접촉에서부터 폭력을 발산하는 사람들이다. 즉 본인이 누구인지 모르는 분들 말이다. 권력이 부여한 무지는 국가도 구할 수 없다. 그들을 밟아줄 (상상 속의) 코끼리가 필요할 뿐

—

5 해릴린 루소, 『나를 대단하다고 하지 마라』, 허형은 옮김, 책세상, 2015.

이다.

　누구나 질문이라는 형식의 모욕을 경험한 적이 있을 것이다. '여자가 왜 직장을?' '장애인이 왜 공부를?' 언제까지 이런 질문에 답하고 항의해야 하는가. 그것은 '가르쳐도' 욕먹고 대응하지 않아도 욕먹는, 어차피 욕먹는 일이다. 인식의 변화는 설득이나 대화로 되지 않는다. 사회적 권력관계가 변하면, 그들이 알아서 페미니즘에 관심을 갖거나 혐오 발화를 중지할 것이다. 지금 우리 사회의 여성 혐오 현상은 '아니, 왜 오마바는 흑인 주제에 지금 목화솜을 안 따고 있는 거야? 쟤가 있을 곳은 목화 농장이야. 왜 백악관에 있어? 세상이 미쳐 돌아가고 있군. 참을 수 없어' 이런 인식 수준에 있는 이들 때문이다. 이들을 어떻게 '계몽'한단 말인가.

　젠더를 쉽게 생각하면 안 된다. 성별은 인류가 만든 위계와 불평등 중 가장 오래된 제도다. 이렇게 장구한 역사 때문에 제도라는 생각은 사라지고 자연스러운 문화, 무의식, 인간 몸의 일부로 체화되었다. 그래서 수많은 차별적 제도, 인간의 모든 지배와 피지배 관계의 모델이 된 것이다. 계급, 연령, 인종적 소수자, 환자, 장애인이나 성소수자 같은 사회적 약자에 대한 무시와 억압, 착취, 혐오는 남성이 여성에게 한 행위를 기준으로 삼고 '배운' 것이다.

　자기 경험과 기존 인식이 일치하는 사람은 세상에 대해 질문하기 어렵다. 그들에게 삶은 편할지 모른다. 의문을 갖는다 해도 자기 변화는 어려운 일이다. 반면 사회적 약자, 비주류(인구상으로는 절대 다수)에 속하는 사람들은 자기 일상과 기존 세계관이 불일치 혹은 격렬하게 불일치하기 때문에, 의문을 갖기 쉬운 조건에 있다. 자신의 사회적 위치와 그 역사성을 깨닫게 되면 세상이 달리 보이기 시작한다. 심지어 여러 가지 버전으로 보인다. 이 상태에서 공부를 하면 일취월장의 성장과 변화를 맞을 수 있다. 자신이 여성임을 자각하는 것은 성별 권력관계의 역사성을 인식한다는 의미다. 양성평등을 주장하기 전에, 남성과 여성이 만들어진 목적과 방식을 먼저 알게 된다. 이는 권력의 역사와 세계사의 기반을 알게 된다는 뜻이다.

페미니스트들도 다양해졌다. 그것이 여성 간의 차이든, 인식의 문제든, 지향의 차이든, 소수자 셀럽에의 욕망이든, '취향'의 차원이든, 주로 사용하는 언어(매체)의 차원이든, 이제 한국사회에서 페미니즘은 하나가 아니다. 나 역시 개인적으로 '남성'과 싸운다기보다는 그보다 더 복잡한 조직된 무지, 합의된 비윤리, 페르소나를 던져버린 뻔뻔한 얼굴들, 고삐 풀린 자본주의가 남긴 폐허 위에서 당황하고 있다. '을'의 위치를 포기하지 않고 스스로 약한 자가 되어 성실한 인간으로 사는 것이 페미니스트로 사는 것보다 더 어려운 시대가 되었다. 나는 그것이 같은 삶이기를 바란다.

다른 목소리로

: 남성 피해자론 및 역차별 주장 분석하기

시우

이 글은《여성연구논총》29호, 2014에 실린 같은 제목의 논문을 고쳐 쓴 글이다.

시우

대학원에서 문화연구를 공부하고 있다. 요즘에는 시간성과 감정을 두 축으로 삼아 LGBT/퀴어에 대한 문화적 적대 현상을 연구하고 있다. 여성주의 연구살롱 나비 활동가이자 트랜스/젠더/퀴어연구소 연구원이며, 퀴어 페미니스트 관점으로 글을 쓰곤 한다. 경합하는 장에 책임감 있게 개입해서 여러 결의 이야기를 해석하는 좋은 문화번역가가 되고 싶다.

현재 한국사회에서는 여성보다 남성이 피해자라는 인식과 역차별을 당하고 있다는 주장이 빠른 속도로 확산되고 있다. 과거에 비해서 여성 차별이 많은 부분 개선되어 여성도 대통령을 할 수 있는 시대가 되었지만, 정작 남성의 권리 문제는 소홀하게 다루어지는 경향 때문에 여성보다 더 많은 고통을 겪는 남성도 있다는 것이다. 대표적으로 2006년 '반페미니즘남성해방연대'와 2008년 '남성연대'를 거쳐 2014년에 만들어진 '양성평등연대'는 페이스북 페이지에서 스스로를 '대한민국 대표 양성평등단체'로 소개하면서 '페미니스트들이 사실은 기득권 수호를 위해 남성을 억압하고 있다'고 주장한다. 이들은 '진정한 양성평등'을 내세워 피해와 차별을 둘러싼 기존의 담론을 전유하면서 남성 피해자론과 역차별 담론을 생산하고 있다.

대학 캠퍼스에서도 이와 비슷한 흐름이 구체화되어 나타나고 있다. 학내 여성운동의 성과로 꼽히던 여학생 휴게실과 총여학생회가 여성 기득권의 상징으로 간주되기 시작했고, 여학생 건강 보호를 위해 도입된 생리공결제는 악용되고 있다는 이유로 폐지 요청이 거세지고 있다. 2012년 서강대에서는 대학 내 대부분 공간이 남성 중심적이라는 점을 지적하면서 여학생 휴게실의 필요성을 강조한 (여성) 총학생회장에게 많은 비난이 가해졌고, 2014년 경희대에서는 "총여학생회는 여학생만의 투표로 회장을 선출하지만 남학생의 등록금까지 사용하고 있어 민주주의 원칙에 어긋난다"며 총여학생회 폐지를 주장하는 1인 시위가 진행되기도 했다.[1]

내가 속해 있는 연세대에서도 2013년 한 해 동안 남성 피해자론과 역차별 주장이 거세게 일어났다. 5월에는 몇몇 남학생이 '비를 피하기 위해 잠시 여학생 휴게실 앞에 서 있었을 뿐인데도 잠재적 범죄자로 취급받았다'며 총학생회 홈페이지에 게시물을 올렸고, 이 때문에 학교 안팎에서 한동안 논란이 되었다. 당시 상황은 이들이 비를 피했던 건물 이름을 따서 '논지당 사건'으로 명명되었고 논란은

---

1 "서강대, 女휴게실 증설 논란", 《캠퍼스라이프》, 2012. 11. 21; "대학 총여학생회 '위기'… 폐지에 지위축소 움직임까지", 《연합뉴스》, 2014. 10. 21.

그해 겨울까지 계속되었다. 또한 11월 학생회 선거를 앞두고 총여학생회에 대한 남학생의 투표권을 요구하는 이들이 학내에 대자보를 게시하면서 역차별 논쟁이 벌어지기도 했다. 논지당 사건과 남학생 투표권 주장에는 남성이 겪는 피해와 역차별을 고려하는 성평등이야말로 진정으로 가치 있다는 함의가 담겨 있었다.

그러나 자세히 살펴보면 남성이 고통을 받는다거나 남성성이 위기에 처했다는 주장은 시대를 초월해 반복적으로 등장했다. 존 베이넌은 남성/성의 위기를 현대에 새롭게 등장한 특수한 것으로 가정하는 잘못된 경향을 비판하면서 시대마다 위기의 성격과 규모가 다르게 나타난다고 이야기한 바 있다.[2] 또한 위기가 모든 남성을 집어삼키고 있는 것이 아니라는 점을 지적하면서 남성 사이의 차이에 주목할 것을 요청한다.[3] 베이넌의 논의를 참조하면, 현재 등장하고 있는 남성 피해자론 및 역차별 주장이 놓인 맥락과 남성 범주가 구성되는 과정을 탐색하는 작업이 필요하다는 점을 알 수 있다.

흔히 남성 피해자론과 역차별 주장을 반박하는 방법 중 하나는 사회에 만연한 젠더 불평등에 대한 통계를 인용하는 것이다. 경제협력개발기구OECD가 조사를 진행한 2000년부터 2013년까지 한

---

2 존 베이넌, 『남성성과 문화』, 임인숙·김미영 옮김, 고려대학교출판부, 2011, 163쪽.

3 존 베이넌, 위의 책, 164쪽.

국은 남녀 임금 격차에서 매년 부동의 1위를 차지했고, 2014년 세계경제포럼WEF의 젠더 격차 지수에서는 141개국 중 117위를 차지했다는 사실은 한국사회의 구조적 불평등을 명시적으로 알려준다. 그러나 통계를 살펴본다고 해서 한국 여성에 비해 유리한 위치에 놓여 있는 한국 남성이 계속적으로 피해를 호소하는 이유를 파악하기는 쉽지 않다. 또한 자칫 남성을 자신이 갖고 있는 특권은 성찰하지 못하고 피해자 주장을 하는 이들로 재현하는 데에서 분석이 멈출 수도 있다. 남성 범주를 가부장제 지배계급과 같은 것으로 이해하고 젠더를 고정된 것으로 이해하게 되면 젠더의 구성, 역학, 재생산 과정에 대한 복합적 논의가 증발될 우려가 있다.[4]

사회구성론을 따르는 페미니즘은 여성과 남성 범주를 생물학으로 환원시키는 규범적 접근에 반대하면서 젠더를 분석하는 정교한 작업을 진행해왔다. 체셔 캘훈은 '여성'이라는 범주는 여성이 된다는 것이 무엇을 의미하는지, 누가 여성으로 간주될 수 있는지에 대한 논의를 촉발시킨다고 주장한 바 있다.[5] 젠더 범주의 다중성 논의를 제안하는 캘훈은 여성 정체성의 보편성을 되물으며 다채로운

---

4   Øystein Gullvåg Holter, "Social Theories for Researching Men and Masculinities: Direct Gender Hierarchy and Structural Inequality," *Handbook of Studies on Men and Masculinities*, eds. Michael Kimmel, Jeff Hearn and R. W. Connell, Sage Publications, 2004, p. 31.

5   Cheshire Calhoun, "Thinking about the Plurality of Genders," *Hypatia* 16, 2, 2001, p. 72.

젠더 범주를 상상하지 못한 기존의 흐름을 비판한다. 인간을 여성과 남성으로 분류하는 이원 젠더 체계에 도전하는 방식으로 젠더 논의를 이어가다 보면, 여성과 남성 범주가 투명한 생물학적 실체가 아니라 권력의 작동 안에서 구성되는 반복된 수행이자 물질성의 집합이라는 점을 발견하게 된다.[6]

이 글에서 나는 남성 피해자론과 역차별 주장을 남성성의 본질적인 특성이 아니라 젠더 범주, 인식론, 배치, 관계, 동의 체계, 감정 등의 측면에서 다루려고 한다. 남성을 단일한 범주로 사유하는 데서 벗어나 피해와 차별의 담론을 생산하는 이들의 젠더 상황을 비판적으로 탐문할 것이다. 피해와 차별을 호소하는 남성을 분석하는 데 필요한 질문은 다음과 같다. 역차별을 받았다고 주장하는 남성은 누구인가? 역차별은 어떤 집단과의 비교를 가정하는 것인가? 이들은 왜 자신의 상황을 피해라고 느끼는가? 그 감정이 호명하는 남성 젠더는 무엇인가? 호명에 응하지 않는 이들은 남성 범주에서 제외되는 것인가? 피해자성과 남성 범주는 어떤 관계를 맺는가?

---

6 젠더 수행성 개념에 대한 논의는 Judith Butler, "Critically Queer"(1993), *The Routledge Queer Studies Reader*, eds. Donald Hall and Annamarie Jagose with Andrea Bebell and Susan Potter, Routledge, 2012 참고.

이 글에서 나는 연세대의 사례에 집중해서 논지당 사건을 둘러싼 논쟁 및 총여학생회 남학생 선거권 주장에서 나타난 남성 피해자론과 역차별 주장을 분석하려고 한다. 먼저 공간의 젠더 정치학의 관점에서 여학생 휴게실이 갖는 의미를 밝히고, 남성 동성사회성 논의를 통해 규범적 남성 범주가 여성 혐오를 기초로 구성된다는 사실을 드러낼 것이다. 둘째로는 남성 피해자론과 역차별 주장이 이성애 규범을 자연화하고 젠더 불평등을 심화시킨다는 점을 비판하려고 한다. 마지막으로 성평등이 보수적인 기획에 머물 때 발생하는 문제를 살펴보면서, 페미니즘이 제시하는 차이와 평등의 정치학을 급진화하기 위한 방법을 모색하고자 한다.

공간과 범주의 젠더 정치학

2013년 5월 1일, '상대새아'라는 아이디를 사용하는 연세대 경제학과 학생이 총학생회 홈페이지에 '우리 학교 교직원 수준이 이 정도인가요???'[7]라는 글을 올렸다. 이 글에 기초해서 논지당[8] 사건을 복기해보면 다음과 같다.

1. 몇몇 학생이 졸업사진을 찍기 위해 본관 앞에서 대기하던 중 비가 내리자 근처 논지당 처마 밑으로 이동해서 비를 피했다.
2. 성평등센터 교직원이 나와서 '여학생 휴게실 쪽에 남학생들이 서 있으면 여학생들이 마음 놓고 휴식을 취하지 못하니 반대편으로 가 있어라'라고 말했다.
3. 그중 한 남학생이 교직원에게 '그럼 남학생 휴게실도 만들어달라'고 주장했다.
4. 교직원은 '여학생 휴게실을 제외한 모든 공간이 남학생 휴게실이 아니냐. 남학생들은 그냥 아무 곳에서나 앉거나 쉬면 되지 않느냐'고 대답했다.
5. 상대새아는 남학생을 잠재적 성범죄자로 보고 남학생들은 아무 곳에서나 앉거나 누워서 쉴 수 있다고 생각하는 해당 교직원에 대해 총학생회가 문제를 제기할 것을 요구하는 글을 썼다.

홈페이지에 글이 실리고 얼마 지나지 않아 성평등센터 소장 나임윤경 교수는 당시의 맥락이 충분히 제시되지 않았다는 점을

---

7 제50대 연세대학교 총학생회 홈페이지는 총학생회 임기를 끝으로 폐쇄되어 현재 접속이 불가능하지만 관련 내용을 정리해둔 게시물은 있다. "'연세대 성평등센터' 사건 관련 해명-반박글",《위키트리》, 2013. 5. 8.

8 논지당은 성평등센터, 세미나실, 수유실, 여학생 휴게실이 있는 단층 건물이다.

들어 반박 글을 작성한다. 비를 피하던 남학생 중 몇몇이 불투명한 유리창을 통해 여학생 휴게실 안을 들여다보았고 이를 발견한 교직원이 제지했던 상황은 전혀 언급하지 않은 채, 교직원의 수준을 운운하는 것은 맞지 않다는 것이다. 성평등센터 소장의 반박 글에 대해 상대새아가 다시 답변 글을 쓰면서 논란은 한층 가열되었다. 해당 글의 내용은 '말장난과 뻔뻔함의 극치를 보여주는 연세대학교 성평등센터'(PGR21), '연대 클라스.txt'(루리웹) 등의 제목으로 여러 인터넷 커뮤니티에 빠른 속도로 퍼졌고 몇몇 언론에서는 이 사건을 기사화했다.

상대새아의 재현을 따라서 논지당 사건을 차례차례 살펴보자. 먼저 상대새아를 비롯한 이들은 본관 앞에서 기다리고 있다가 비를 피해 논지당으로 향했다고 말했다. 졸업사진 촬영이 이루어지는 본관 정원 근처에는 본관, 스팀슨관, 아펜젤러관 등이 있기 때문에 비를 피하는 이들에겐 논지당 외에 다른 선택지도 있었다. 하지만 졸업사진 촬영이 논지당 앞 정원에서도 이루어지곤 했기 때문에 다음 촬영 일정을 고려했을 수도 있고, 단순히 지리적으로 가까웠기 때문에 논지당 처마로 향했을 수도 있다. 또한 논지당은 수업이 열리는 건물도 아니고 잘 알려진 건물도 아니기 때문에 이들이 논지당에 여학생 휴게실이 있는지에 대해서 몰랐을 수도 있다.

두 번째는 여학생 휴게실 앞에 서 있던 남학생들에 대한 교직원의 반응이다. 교직원의 반응은 상식적인 수준에서 이해할 수 있다. 우선 여학생 휴게실을 관리하는 것은 해당 교직원의 업무다. 예컨대 입학시험장을 관리하는 교직원이 있다면, 그/녀에겐 응시자를 제외한 이들이 시험장에 출입하지 못하도록 막아야 하는 의무가 있다. 교직원은 여학생 휴게실 앞에 여러 남학생이 서 있는 상황이 여학생들로 하여금 여학생 휴게실을 편안히 사용하지 못하게 할 것이라고 판단했다. 더군다나 비를 피하기 위해 처마 밑에 서 있었던 이들 중에는 여학생 휴게실 내부를 살펴본 사람들도 있었다는 점 역시 고려해야 한다. 논지당을 관리하는 해당 교직원의 업무가 조회 수 3만 2000건을 달성한 스캔들로 회자될 근거는 없다는 것이다.

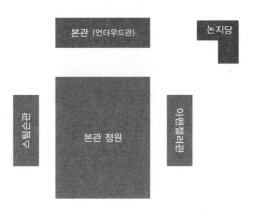

• 연세대 본관 주변 건물 배치 약도 •

문제는 여학생 휴게실 앞에서 이동해줄 것을 요청한 교직원에게 어떤 남학생이 남학생 휴게실 개설을 요구한 세 번째 지점에서 시작된다. 여학생 휴게실이 편안하게 활용될 수 있도록 교직원이 조치를 취한 것과 남학생 휴게실에 대한 요구가 엮일 합리적인 이유는 없다. 학내에 여학생 전용 공간이 있다는 것과 '남학생들도 쉴 곳이 없다'는 이야기는 다른 차원에서 논의되어야 하기 때문이다. 남학생 휴게실을 설치해달라는 요구는 자신의 업무를 수행하고 있는 교직원이 아니라 학생 자치 공간을 충분히 제공하지 않는 학교 당국에 해야 하는데도, 남학생은 학교 당국이 아니라 교직원을 문제의 책임 당사자로 지목해 여성 대 남성의 구도를 설정한다.

학생회나 동아리 활동이 침체되어 학생회실이나 동아리방을 활용하기 어렵고 학내 자치 공간이 턱없이 부족한 상황에서 남학생이 쉴 수 있는 공간을 확보하기 어려운 것 역시 사실이다. 여학생 휴게실에 비해 상대적으로 적은 수의 남학생 휴게실은 늘상 만원이고 그마저도 관리가 잘 이루어지지 않아서 만족스럽게 활용되지 못하는 경우가 많다. 취업 준비를 비롯한 여러 일로 학교에 머무는 시간이 많아지게 된 학생들이 휴식 공간 부족으로 인해 스트레스를 받는 일이 계속되고 있다. 학생회 선거에서 남학생 휴게실 확보가 반복적으로 등장하는 공약이 된 지도 오래되었다.

하지만 남녀공학 대학교에서 여학생들이 편안하고 안전하게 공간을 누리기 어려운 상황을 고려할 때,[9] 여학생 휴게실은 대학이라는 공적 공간을 평등하게 만들기 위한 최소한의 조치에 가까우며 이마저도 부족한 경우가 많다. 대학에서 여성 전용공간을 확보하는 것은 쉴 곳을 마련하는 문제 이전에 젠더화된 캠퍼스 환경을 고려한 선택이라고 할 수 있다. 따라서 학내 여성 전용공간을 둘러싼 논쟁은 학생들이 자유롭게 머물고 편하게 쉴 수 있는 공간 전체를 늘리는 문제와 학내 공간 자체가 남성 중심적으로 짜여 있는 상황을 해소하는 문제를 함께 고려할 때에야 비로소 생산적인 방향으로 나아갈 수 있다.

린다 맥도웰은 경계를 규정하는 사회적, 공간적 권력관계를 통해 장소가 만들어진다는 점에 주목하면서 이와 같은 경계가 경험의 위치나 현장뿐 아니라 누가 어떤 공간에 속하는지, 누가 제외되어도 괜찮은지 등을 정한다고 주장한 바 있다.[10] 모두가 자유롭게 이용할 수 있다고 여겨지는 대학 공간에서 젠더화된 경계가 작

---

9 여학생의 공간 경험에 대한 논의는 나윤경, 「여학생들의 '목소리'를 통해 드러난 남녀공학대학교의 남성중심성: 여자대학교와 남녀공학대학교를 경험한 여학생들의 사례를 중심으로」, 《한국여성학》 21권 2호, 2005 참고. 해당 논문의 글쓴이가 논지당 사건 당시 성평등센터 소장이었으며 상대새아의 글에 반박글을 썼다는 점에 주목할 필요가 있다.

10 린다 맥도웰, 『젠더, 정체성, 장소: 페미니스트 지리학의 이해』, 여성과공간연구회 옮김, 한울, 2010, 25쪽.

동한다는 점을 드러내는 작업은 공간의 젠더 정치학의 관점에서 중요하다. 이와 같은 맥락에서 여학생 휴게실은 공간 경험이 젠더화되어 있다는 점을 반영하고 공적으로 드러내는 곳으로서 의미를 지닌다. 여학생 휴게실을 마련하는 방침은 개별 남학생을 잠재적 성폭력 가해자로 낙인찍는 정책이 아니라 공적 공간에서 작동하는 젠더 정치학을 고려한 합리적인 정책이다.

공간을 구획하는 경계를 모두가 동일한 방식으로 경험하는 것은 아니기에, 경계를 고려할 필요가 없는 특권을 갖고 있는 이들이 경계를 인식하는 일은 쉽지 않다. 물론 상대새아가 주장하듯이 '벤치에서 쉬는 것 말고는 교내에서 휴식할 곳조차 찾기 어려운 남학생'에게 특권이 있다고 주장하는 것이 적절하지 않다고 느낄 수 있다. 그러나 특권이란 확연히 느낄 수 있는 차별이 없는 상태에 가깝다.[11] '남학생'은 노출된 장소에서 휴식하는 것과 성폭력 피해 가능성 내지는 피해 경험을 연결해서 생각하지 않는다. 생리 기간에 학내에서 몸을 추스를 곳이 없어서 걱정하는 일 역시 하지 않는다. 젠더 이분법에 따라 남녀로 구분된 학내 기숙사, 샤워실, 화장실 등을 이용하는 일이 불편할 수 있다는 상상 또한 하기 어렵다. 이처럼

---

11 Riki Wilchins, *Queer Theory, Gender Theory: An Instant Primer*, Alyson Books, 2004, p. 117.

'여학생'에게 여학생 휴게실은 단순한 쉼터 이상의 의미를 지닌 곳이다.

그러나 논지당 사건을 둘러싼 논쟁에서 공적 공간의 젠더 정치학은 가시화되지 않았다. 여학생 휴게실을 몇몇 남학생이 들여다본 문제 상황은 가려지고 교직원의 발언에만 비난이 쏟아졌을 뿐이다. 여학생 휴게실에 접근하지 말 것을 요구하는 교직원의 요구에 남학생 휴게실을 신설해달라고 대답하는 비논리적 대응을 지적하거나, 상대새아가 옮긴 교직원의 발언이 실제와 다를 수 있다는 가능성을 떠올린 사람은 그리 많지 않았다. 논지당 사건은 비를 피한 잘못밖에 없는 남학생들과 그런 남학생들을 오만한 자세로 대한 여성 교직원 사이의 문제로 이해되었을 뿐이다.

나는 네 번째 단계와 다섯 번째 단계를 살펴보는 데 있어, 사건 당시에 실제로 무슨 일이 있었는지 규명하거나 재현의 사실성을 논박하기보다 논지당 사건에서 억울함, 분노, 모멸감과 같은 감정을 기초로 남성 범주가 구성되었다는 점에 주목하고자 한다. 사라 아흐메드는 '감정은 무엇인가'라는 물음을 '감정은 무엇을 하는가'로 바꾸어내면서 감정이 사람들을 특정한 방향으로 움직이게 만든다는 사실에 집중한다.[12] 더불어 감정이 대상에 의해서가 아니라 대상과의 접촉을 통해서 만들어진다는 점에서 감정은 단순히 특정한 주체나 대상 안에 있는 것이 아니라고 주장한 바 있다.[13] 감정이 개인적인 것과 사회적인 것, 주체와 대상, 우리와 그들을 나누는 경계를 만든다는 아흐메드의 논의에 비추어볼 때, 논지당 사건에서 교직원의 발언을 듣고 분노했던 이들이 감정을 통해 경계를 만드는 과정을 살펴볼 필요가 있다.

이를 위해서는 논란이 되었던 발언의 문자적인 내용이 아니라 발언이 해석되는 맥락을 살펴보아야 한다. 예를 들어서 공강 시간에 쉴 곳이 없다고 이야기하는 남학생에게 '남자가 뭘 그렇게 따지냐? 그냥 도서관에서 잠이나 자'라고 말하는 동료 남학생, '여자들은 키 큰 남자 좋아해. 키 작은 애들이 마시는 공기는 어때?'라고 놀리는 키 큰 남성, '군 복무기간 2년은 너무 짧고 3년이면 좋을 것 같다'라고 주장하는 예비역 남성을 떠올려보자. 이들의 발언은 교직원의 사례와 다른 방식으로 이해되면서 논지당 사건을 접했을 때와는 사뭇 다른 감정을 불러일으킨다. 해당 교직원이 '개념 없는 여성'으로 비난받으면서 감정의 문화정치학이 작동하는 장에서 열등한 위치에 놓였던 것과는 달리, 개별 발언이 불쾌감을 발생시키기는 하지만 위와 같은 발언을 한 이들이 '개념 없는 남성'으로 지탄받지는 않는다. 즉 여성 발화자의 경우에 한해서 발화자의 젠더

---

12 Sara Ahmed, *The Cultural Politics of Emotion*, Routledge, 2004, p. 4.

13 Sara Ahmed, 위의 책, p. 6.

가 문제로 다루어지는 것이다.

발언의 효과가 젠더화된 관계에 따라 다르게 나타나는 현상
은 남성 동성사회성 논의로 설명할 수 있다. 이브 세즈윅은 남성 사
이의 사회적 유대와 성적 유대를 연속체로 파악하면서 남성 동성
사회성이 성적 긴장과 사회적 성격을 동시에 갖고 있다고 주장했
다.[14] 이에 따르면, 근대 유럽에서 사회적인 것과 성적인 것 사이의
연속성을 부정하면서 남성 간 성적 긴장을 제거하고 여성을 매개
로 남성 사이의 권력을 공고히 하려는 변화가 나타나게 된다. 이에
성적인 관계가 남성 내부의 위계를 교란하는 것을 막기 위해 동성
애 혐오가, 여성의 거래를 통해 지배적 위치를 공유하기 위해 여성
혐오가 요청된다. 즉 특권적 지위를 재생산하는 남성의 동성사회
성이 동성애 혐오와 여성 혐오를 기초로 구성되는 것이다.

한편 동성애 혐오와 여성 혐오로 해결되지 않는 남성 간의 차
이는 남성 간 유대를 안정적으로 유지하기 위해서 적절히 관리된
다. 예컨대 앞서 제시한 키 큰 남성의 발언을 들었을 때, 키 작은 남
성은 '키 크면 다냐? 돈이 많아야지'라면서 상대적인 기준을 제시
하거나 '키 작은 사람이 마시는 공기는 아주 맑습니다'라며 상대를

14　남성 동성사회성에 대한 논의는 Eve Kosofsky Sedgwick, *Between Men: English Literature and Male Homosocial Desire*, Columbia University Press, 1985 참고.

비꿀 수도 있다. 키와 같은 특정한 기준에 따라 자원이 불균등하게 나누어진다는 점을 비판하면서 남성 간 유대에 의문을 제기하기보다 유대를 재확인하는 것이 남성 개인에게 더 큰 이익을 약속하기 때문이다. 따라서 키가 작은 남성들이 '우리 학교 키 큰 남성들 수준은 이 정도인가요???'라는 글을 인터넷에 쓸 필요는 없다.

그러나 여성과의 관계에서 남성 사이의 차이는 젠더 불안을 일으킨다. 예를 들어 이성 연애 시장에서 키가 작다는 것은 규범적 남성성에 도달하지 못한 상태로 이해된다. 이에 많은 남성들이 여러 방법을 사용해서 키가 커 보이기 위해, 다시 말해서 적합한 남성 범주에 속하기 위해 애쓰지만, 이런 젠더 실천은 폭로되어서는 안 되는 비밀이 된다. 남성 동성사회성이 차이를 지우고 동일성을 확인하는 방식으로 작동하기 때문이다. 이에 대해 우에노 지즈코는 "남성 동성사회성이 여성의 차별뿐 아니라 ('적합한 남성'과 '탈락한 남성' 사이의) 경계선의 관리와 끊임없는 배제를 필요로 한다는 사실은 '남성됨'이 얼마나 취약한 기반 위에 서 있는가를 역으로 증명한다"고 이야기했다.[15]

논지당 사건을 둘러싼 논쟁에서도 이와 동일한 구도를 확인할 수 있다. 대학에 있는 모두가 젠더화된 공간 질서에 연루되어 있

---

15   우에노 지즈코, 『여성 혐오를 혐오한다』, 나일등 옮김, 은행나무, 2012, 37쪽.

음에도 상대새아는 직접적으로 여학생 휴게실을 들여다본 몇몇 남성을 예외적인 존재로 두면서 이들을 제외한 남성 전체를 피해자로 호명해낸다. 이에 직접적인 잘못을 한 남학생 몇몇을 배제하는 것을 통해 나머지 남학생들은 피해자의 모습으로 규범적 남성 범주에 속할 수 있게 된다. 하지만 교직원은 상대새아가 예외적인 존재로 배제한 이들과 무고한 존재로 재현한 그 외의 남학생의 구분선 그 자체를 질문한다. 교직원은 성적 가해를 여학생 휴게실을 들여다본 몇몇의 잘못이 아니라 여학생 휴게실에 접근한 남학생 모두가 연루되어 있는 젠더 상황으로 파악하면서, 적합한 남성과 탈락한 남성을 나누는 것이 무의미하다는 점을 지적한다.

이 지점에서 교직원은 규범적 남성성을 둘러싼 젠더 불안을 가리키는 기호가 된다. 남성 내부의 임의적 경계선을 구획하는 일을 통해 남성 동성사회성이 작동한다는 사실을 가시화하면서 규범적 남성성의 허약한 토대를 드러내기 때문이다. 만약 해당 교직원이 남성이었다면 남성 내부의 경계선을 유지한 채, 그를 남성 간 유대에 초대하는 방식으로 불안을 해소할 수 있었을지도 모른다(예컨대 '선생님도 남자니까 아실 거 아니에요. 남학생에게 쉴 곳이 없다는 걸요'). 그러나 해당 교직원은 여성으로 독해되었고 여성 혐오를 발판으로 삼는 남성 간 유대에 참여할 수 없었다. 이에 교직원이 상기시키는 불안은 남성 간 유대에 참여할 수 없는 조건이 되는 교직원의 젠더 위치와 동일시되었고, 교직원은 남학생들로 하여금 규범적 남성 범주에서 탈락할 수도 있다는 불안을 느끼게 하는 존재, 다시 말해서 여성 타자로 자리잡는다.

사건을 둘러싼 논쟁에서 교직원은 자신의 공적 지위와는 무관하게 여성으로 환원되었다. 이와 같은 맥락에서 상대새아가 따져 묻는 '교직원' 수준은 '여성' 교직원 수준으로 이해할 수 있다. 여학생 휴게실에 접근하면 안 된다는 규칙을 어긴 것은 남학생들임에도, 이들이 느끼는 불안이 교직원에게 투사되면서 '남성 피해자-여성 가해자' 구도가 설정된 것이다. 결과적으로 남성이기 때문에 교직원과 소장에게 분노한 것이 아니라 바로 그 분노를 통해 규범적 남성 범주가 구축되고 여성 혐오에 기초한 남성 간 유대가 작동했다고 할 수 있다.

남성 피해자 정치학의 한계

규범적 남성 범주의 구성 과정에서 남성이 피해자로 위치된다는 점은 무척 인상적이다. 그런데 피해는 누구나 확인하고 공감할 수 있는 투명한 진실이 아니며, 어떤 상황을 피해라고 명명할 수 있는 의미 체계와 이를 가능하게 하는 정치적 맥락 없이 단독으로 존재할 수 없다. 피해가 선험적으로 주어지는 것이 아니라 사회적으로 구성된다고 할 때, 중요한 것은 피해를 받았는지의 여부가 아니라 무엇이 피해로 여겨지는지, 어떤 이유로 발생했는지, 어떻게 해결할 수 있는지, 누구의 입장에서 피해인지, 그 피해는 왜 중요하게 다루어져야 하는지 등을 살피는 데 있다.

한국의 페미니즘에는 반성폭력 의제를 전면화하면서 섹슈얼리티를 문제화해온 역사가 있다. 1993년 서울대 신 교수 성희롱 사건, 1996년 이화여대 대동제 고려대생 집단 난동 사건, 1997년 반성폭력 학칙 제정 운동, 2000년 운동 사회 내 성폭력 뿌리 뽑기 100인 위원회 활동 등은 여성에 대한 폭력이 구조적인 문제임을 드러냈다. 여성운동이 성장하면서 여성에 대한 폭력은 정조나 풍속에 관한 문제에서 성적 자기결정권에 대한 문제로 의미화된다. 이처럼 페미니스트들은 그간 개인적인 불운이나 어쩔 수 없는 사건처럼 여겨지던 피해를 정치적 이슈로 만들어내면서 피해자의 입장에서 사건이 올바르게 이해될 수 있다는 새로운 관점을 제안한다.

반성폭력 의제는 페미니스트 공동체 안팎으로 많은 논쟁을 일으켰다. 가장 먼저는 '성적 폭력'이라고 할 때 '성'이 젠더인지 섹슈얼리티인지, 혹은 둘을 분리하는 것이 가능한지에 대한 논쟁이었다. 성적 자기결정권 개념이 투명한 주체를 상정하고 젠더화된 맥락을 지운다는 점에서 자기결정권 개념을 비판하거나 반성폭력

정치학이 여성을 보호해야 할 대상으로 위치시키는 가부장제 기획과 친연성을 지니고 있다는 점을 지적한 이들도 있었다. 성폭력을 겪은 여성 피해생존자들이 하나의 경험을 하는 것도, 고통을 받은 존재로서만 살아가는 것도 아닌데, 피해자성을 강조하는 것이 오히려 피해 경험을 단순화하고 피해생존자의 모습을 정형화한다는 비판도 제기되었다.[16] 성적 피해를 성적 수치심 외에 다른 방식으로 설명해야 한다는 주장도 계속되고 있다.

특히 한국사회에서 성폭력 외에 몸에 대한 권리 인식을 급진화할 만한 다른 선행 이슈가 제기되지 못한 상황에서 이성애적 가족제도에서 벗어나 있거나 이원 젠더 체계에 포착되지 않는 몸에 대한 권리 주장이 자리 잡을 여지가 없었다.[17] 트랜스젠더 정치학의 관점에서 성폭력 개념의 재구성을 시도하는 루인은 이원 젠더 체계를 경유해서 젠더의 의미를 다루는 한, 폭력의 의미를 복잡하게 포착하기 어렵다는 점을 지적한 바 있다.[18] 이에 루인은 이원 젠더

---

16   변혜정, 「성폭력 개념에 대한 비판적 성찰: 반성폭력운동단체의 성정치학을 중심으로」,《한국여성학》20권 2호, 2004, 62쪽.

17   신상숙, 「젠더, 섹슈얼리티, 폭력: 성폭력 개념사를 통해 본 여성인권의 성정치학」,《페미니즘연구》8권 2호, 2008, 35쪽.

18   루인, 「젠더, 인식, 그리고 젠더폭력: 트랜스(젠더)페미니즘을 모색하기 위한 메모, 네 번째」,《여성학논집》30권 1호, 2013, 201쪽.

체계와 섹스-젠더의 필연적 관계를 준거 틀로 삼는 논의에서 벗어나 '여성'이 겪는 폭력을 여성이어서가 아니라 '여성이어야 해서', '여성으로 환원되면서' 발생하는 폭력으로 재검토할 것을 요청한다.[19]

섹슈얼리티를 건강한 섹슈얼리티와 그렇지 않은 섹슈얼리티로 구분한 채 젠더 권력에 대한 비판에만 치중해온 상황에서 성적 피해가 젠더 관계에서 발생하는 불평등을 가리키는 기표에 머무르는 경향도 여전하다.[20] 여성의 피해, 억압, 고통을 단일하게 배치하면서 성폭력을 문제화해온 흐름 속에서, 젠더, 섹슈얼리티를 비롯한 여러 변수의 복합적인 관계를 급진적으로 탐문할 수 있는 여지가 많지 않았던 것이다.[21] 성매매특별법을 둘러싼 논쟁에서도 살펴볼 수 있듯, 성적 피해에 대한 페미니스트 논의는 여러 목소리의 중첩과 경합을 통해 형성되어왔다.

이에 비해서 논지당 사건을 둘러싼 논쟁에서 남성을 피해자로 주장한 것은 문제를 복합적으로 사유할 가능성을 제안하는 데

---

19 루인, 위의 글, 212쪽, 226쪽.

20 변혜정, 「섹슈얼리티, 차이의 정치학 그리고 여성운동: 섹슈얼리티가 말해지는 방식을 성찰하며」, 《여성과사회》 16권, 2005, 186쪽.

21 변혜정, 위의 글, 188쪽.

실패한다. 피해 논의를 정교하게 다듬어서 폭력과 차별 문제에 접근하는 새로운 지평을 열기보다 피해 사실을 나열하고 규범적 정체성을 확증하는 담론으로 기능하는 것이다. 이는 비단 논의가 진행되어온 기간이 상대적으로 짧기 때문이거나 이론적 기반이 취약하기 때문만은 아니다. 남성 피해자론과 역차별 주장이 기존의 권력관계를 가시화하거나 이에 도전하는 것이 아니라 불평등을 정당화하고 남성 간 유대를 유지하는 방식으로 작동하기 때문이다.

스튜어트 홀은 텍스트에 그려진 사회적 현실의 지도에는 모든 종류의 사회적 의미, 실천, 사용 방법, 권력, 이해관계가 기입되어 있기 때문에 순수하게 외연적이거나 자연적인 재현은 불가능하다고 주장한 바 있다.[22] 이에 따라 이 글에서는 남성 피해자 정치학을 내세우는 이들이 작성한 두 가지 텍스트를 선택해서 이들이 재현하는 사회적 현실을 비판적으로 독해하고자 한다. 하나는 '역지사지 캠포터블'(이하 '캠포터블')이라는 단체가 붙인 여러 현수막이고, 다른 하나는 '역차별에 반대하는 연세대학교 남학생 일동'이 붙인 대자보다. 이 두 조직은 논지당 사건 이후에 만들어진 연세대 학내 모임으로서 논지당 사건으로 촉발된 젠더 논쟁에 주요 참여자로서 개입했다.

---

22 스튜어트 홀, 『스튜어트 홀의 문화이론』, 임영호 옮김, 한나래, 1996, 296~297쪽.

먼저 '학내 문제에 대한 학생들의 의견을 내는 동아리 모임'인 캠포터블은 국정원 대선 개입 및 경찰의 은폐·축소 수사 의혹에 대한 진상 규명을 요구하는 총학생회의 시국선언에 반대하는 입장을 내거나 백양로 재창조 프로젝트[23]에 찬성 입장을 밝히는 현수막을 학내에 게시한 바 있다. 캠포터블은 스스로를 정치적 중립성을 추구하는 단체라고 소개하고 있지만 실제로는 정치·사회 현안에 관해 보수적인 입장을 견지하는 단체로 분류될 수 있다.

캠포터블 활동가 중 몇몇은 11월에 진행된 총학생회 선거에 입후보해서 논지당 사건에 대해 '학생의 요청을 무시한 점에서 소통이 부족'했다고 평가했다.[24] 캠포터블은 연세대 중앙 도로인 백양로에 "비를 피하다 잠재적 성범죄자가 된 학우들의 목소리는 어디에 말해야 하나요", "성차별센터가 아닌 진정한 성평등센터의 역할을 해주시기 바랍니다" 등의 현수막을 걸면서 학내에서 젠더 논쟁을 계속적으로 이어나간다. "모욕적인 언사로 인해 정신적인 피

---

23 연세대 중앙 도로인 백양로의 조경과 경관을 개선하고 지하 공간을 개발하는 계획을 가리킨다. 그러나 학내 구성원들과의 충분한 의사소통 과정을 거치지 않았다는 점, 빠르게 공사를 완료하기 위해 계획을 무리하게 추진한다는 점, 오랜 기간 가꾸어온 백양로의 역사성, 공동체성, 미학적 가치를 훼손한다는 점, 지속 가능한 생태 캠퍼스 만들기가 아니라 거대한 토목공사 및 주차장 확장에 가깝다는 점 등 여러 문제를 안고 있어서 학내외적으로 논란이 되었다.

24 "[51대 총학선거 선본 인터뷰] HOW 연세", 《연세춘추》, 2013. 11. 16.

캠포터블에서 게시한 현수막 ⓒ 성민

해를 입은 학우들에게" 성평등센터가 "정중히 사과할 것"과 "교수·
교직원·학생이 모두 구성원이 되어 평등한 목소리를 낼 수 있는 독
립적인 기구를 신설할 것"을 요구하는 대자보를 붙이기도 했다. 또
한 성평등센터에서 철거 요청을 하지 않았는데도 "문제의 해결은
일방적 대자보 철거가 아닌 사과와 재발 방지 약속입니다"라는 문
구가 적힌 현수막을 통해서 자신들을 자유로운 의사 표현을 위협
받는 약자로 재현하고 문제의 책임을 성평등센터에 두는 전략을
사용했다.

　앞서 지적했듯, 소위 잠재적 성범죄자 낙인 문제는 공간을 둘
러싼 젠더 정치학과 정치적 책임에 대한 인식 차원에서 풀어야 한
다. 젠더화된 권력관계에 따라서 공간이 구성되어 있는 상황으로
인해 여성과 남성이 동일한 방식으로 공간을 활용할 수 없다고 할

때, 여성 전용공간 같은 적극적 조치를 없애거나 남학생에게도 동일한 수준의 '혜택'이 주어져야 한다는 주장은 젠더 불평등을 정당화하는 수사에 지나지 않는다. 또한 '비를 피하다가 잠재적 성범죄자가 되었다'는 식의 서사는 개인의 무고함을 앞세워 여학생 휴게실을 들여다본 사건의 중대함을 무화시킨다. 남학생들의 행동은 잠재적이지 않았으며, 성적 폭력은 물리적인 공격과 가시적인 위해를 넘어서는 차원에서 이해될 필요가 있다.

아이리스 영은 책임에 관한 사회적 연결 모델을 제안하면서 자신의 행위를 통해 구조적 과정에 영향을 미친 모든 사람들이 부정의에 책임이 있다는 점을 강조한다.[25] 영이 제시한 사회적 연결 모델은 특정한 사람들에게만 책임을 묻고 그 외의 사람들의 책임은 암묵적으로 면제시키는 법적 책임 모델과는 구별되며, 이 모델에서 개인은 구조적 과정을 통해 발생한 부정의를 줄이거나 제거하고 다른 이들과 함께 구조적 과정을 바꿔야 한다는 책임을 공유한다.[26] 따라서 부정의를 바로잡으려는 행동을 하지 않은 것에 대해, 충분한 조치를 취하지 않은 것에 대해, 효과적이지 않은 조치나 역효과를 낳는 행위를 취한 것에 대해 개인은 비판받을 수 있고 비

---

25 아이리스 영, 『정치적 책임에 관하여』, 허라금·김양희·천수정 옮김, 이후, 2013, 173쪽.
26 아이리스 영, 위의 책, 191쪽.

판받아야 한다는 것이다.[27]

논지당 사건에서 주목해야 하는 것은 무고한 이들이 성범죄자로 간주되었다는 것이 아니라 이들이 스스로를 오인된 존재, 억울한 존재, 피해를 입은 존재로 재현하면서 자신에게 주어진 정치적 책임을 회피했다는 점이다. 영의 논의에 따르면, 대학 공동체를 이루는 모든 이는 집단행동을 통해 학내 젠더 불평등을 없애는 일에 참여하지 않는 한, 공유된 정치적 책임에서 자유로울 수 없다. 캠포터블의 피해자 주장은 여학생들이 대학 공간을 충분히 안전하고 편안하게 활용할 수 없는 구조적 부정의를 해결하는 데 어떤 도움도 주지 못할뿐더러 오히려 부정의를 은폐한다는 점에서 문제를 안고 있다.

한편 '역차별에 반대하는 연세대학교 남학생 일동'(이하 '남학생 일동')은 11월 학생회 선거를 앞두고 "남학생에게도 총여 선거권과 피선거권을 부여할 것을 요구한다"는 제목의 대자보를 학내에 게시했다. '남학생 일동'은 대자보에서 "남학생 역시 학생회비를 납부함에도 불구하고 총여학생회가 소수 페미니스트들의 집단 이기주의와 여학생 중심의 폐쇄성을 극복하지 못했다"고 비판했다.[28] 이에 총여학생회가 "성 역차별의 상징이자 극단적 페미니즘의 산실

---

27 아이리스 영, 위의 책, 240쪽.

이 아니라 모든 학우가 공감할 수 있는 단체가 되기 위해 남학생에게도 총여학생회 선거권과 피선거권을 부여해야 한다"고 주장했다. 중앙선거관리위원회가 '총여학생회는 여학생들을 회원으로 구성한다'는 학생회칙에 따라 여학생들에게만 선거권과 피선거권을 부여하고 있다고 답변했음에도 '남학생 일동'은 이에 대한 반박 글을 쓰며 자신들의 원래 입장을 고수했다.

기본적으로 역차별 논의는 불평등한 현실을 유지하는 방식으로 진행된다는 점에서 한계를 지니고 있지만, 경우에 따라 기존의 논의를 다각화하고 차별에 대한 토론을 풍성하게 만드는 밑거름이 될 수도 있다. 당위적으로 차별 금지를 주장하는 것보다 무엇을 차별이라고 할 수 있는지, 누구에게 차별인지, 언제 차별로 인식되는지, 차별은 어떤 식으로 해결될 수 있는지 등의 치열한 논쟁을 펼치는 것이 평등에 기여하는 바가 많기 때문이다. 역차별 논의가 차별에 대한 기존의 논의를 폭넓게 하는 방식으로 이어지기 위해서는 구조적 억압의 상호교차성에 주목해서 복합적인 현실을 드러낼 필요가 있다.

---

28 연세대 학생들이 납부하는 학생회비는 개인이 속한 대의기구에 직접 전해지는 것이 아니라 모두 합쳐진 뒤에 중앙운영위원회가 정한 원칙에 따라 각 기구에 분배된다. 따라서 학생회비를 낸다는 이유만으로 개별 기구의 피/선거권이 주어져야 한다는 주장은 성립될 수 없다.

그러나 대자보에는 역차별을 겪은 이들이 체현한 경험이나 역차별에 대한 꼼꼼한 분석은 보이지 않고 남성에게 선거권을 보장할 것을 요구하는 내용만이 담겨 있다. 이들이 받았다고 주장하는 역차별이 무엇인지 대자보에 논리적으로 진술되지 않은 것과는 대조적으로, 남학생 피/선거권이나 선거운동본부 국장급 이상 구성원에 남학생을 30% 이상 포함시키는 요건을 명문화하라는 등의 세부적인 요구사항은 명시되어 있다. 이는 그간 페미니스트들이 교육의 권리가 여성에게 주어지지 않은 문제, 성폭력이 구조적으로 재생산되는 문제, 강제적 이성애와 이원 젠더 체계로 고통받는 문제, 인종 차별, 계급 차별, 장애 차별 같은 구조적 부정의에 맞서는 문제 등을 구체적으로 제기하며 차별 논의를 확장시켜온 것과는 크게 다르다.

차별이 어떤 상황에서 발생했고, 그것이 누구의 입장에서 차별인지, 기존의 차별 논의보다 설득력 있는 내용은 무엇인지에 대한 설명 없이 역차별을 받았다고 강변하는 점과 역차별 상황을 총여학생회가 해결해야 한다고 주장하는 점은 '남학생 일동'이 원하는 것이 실제로는 역차별 종식이 아니라는 점을 말해준다. 역차별 종식은 차별 문제를 해결하는 것과 분리할 수 없기에 차별 문제 해결을 대체하는 목표가 될 수 없다. 또한 역차별 주장은 이성애 규범과 이원 젠더 체계가 강력하게 작동하는 사회에서 여성과 남성 사이의 젠더 위치가 같지 않다는 점을 무시한다. 역차별 해소를 총여학생회에 요구할 근거 역시 존재하지 않으며 총여학생회에 남학생이 참여하는 것을 통해 역차별이 어떻게 종식될 수 있는지에 대해서도 설명이 불충분하다.

'남학생 일동'이 현존하는 권력관계에 대한 비판은 회피한 채, '집단 이기주의', '폐쇄성', '성 역차별', '극단적 페미니즘'과 같은 격한 표현을 사용하며 문제적 상황을 총여학생회의 탓으로 돌리는 것은 '남학생 일동'이 요구하는 것이 자신들이 비난하고 있는 바로 그 총여학생회의 인정, 다시 말해서 여성의 인정이라는 사실을 알려준다. 여기서 '남학생 일동'이 요구하는 인정의 내용은 크게 두 가지로 나눌 수 있다.

먼저 '남성이 진짜 피해자다' 혹은 '남성도 여성과 마찬가지로 피해자다'와 같은 주장을 통해서 '남학생 일동'은 여성이 불평등의 피해자가 아니라 오히려 불평등을 빌미로 특혜를 얻어왔다는 점을 여성 스스로 인정해야 한다고 주장한다. 여학생이 차별받았던 것은 과거의 일일 뿐이며, 그간 (역)차별을 '참고 있던' 남학생이 목소리를 갖게 된 것이야말로 진정한 평등을 향한 변화라는 것이다. 하지만 남성이 피해자라는 것을 여성이 인정해야한다고 주장하는 논리는 피해 논의를 상대화시키고 구조화된 불평등을 은폐하기에 차별 문제 해결에 거의 기여하지 못한다. 남성 (역)차별 문제를 해결하기 위해서는 여성의 인정을 요구하기보다 젠더 관계의 재배치와 이성애 규범 및 이원 젠더 체계의 해체를 사유하는 지평으로 나아가야 한다. 그러나 '남학생 일동'은 스스로를 고통받는 피해자로 위치시키고 여성과의 전선을 형성하면서 남성 동성사회성을 작동시킨다. 성평등 실현을 내세운 이들이 실제로는 지배규범, 정상성, 권력관계를 재생산하는 데 앞장선 것이다.

두 번째는 여성의 위치가 여성 본인이 아니라 '남학생 일동'에 의해서 올바르게 파악될 수 있다는 점을 인정하라는 것이다. '남학생 일동'에 따르면, 총여학생회가 갖고 있는 문제는 여성 스스로 해결할 수 없기에 남성이 참여해야만 해결할 수 있다. 여성의 위치를 남성이 제일 잘 알고 있다는 주장 혹은 여성의 위치는 남성에 의해 정해진다는 주장은 주체와 타자에 대한 페미니스트 철학자들의 논의와 연결된다. 김애령은 타자의 모습을 그리는 많은 표상이 주체의 언어로 쓰인다는 점을 밝히면서, 주체의 언어가 타자를 일정한 모습으로 고정시키는 한편 타자에게 극단적으로 다른 속성을 부여한다고 지적한 바 있다.[29] 예를 들어 여성에게는 낯선 타자, 괴물, 파괴적인 힘, 강력한 매혹, 신비와 같은 속성들이 함께 주어지면서

29　이 문단은 주체와 타자의 관계에 대한 김애령, 『여성, 타자의 은유』, 그린비, 2012, 47~49쪽의 논의를 요약해서 구성했다.

여성은 적대하고 극복해야 하는 대상이자 저항할 수 없는 매력을 지닌 대상으로 재현된다. 그리고 이와 같은 여성의 모순적인 속성을 파악하고 표상하는 존재는 주체의 자리에 있는 남성이다.

주체의 세계는 타자로의 모험을 통해 풍요로워질 뿐 깨지지 않으며, 주체는 타자를 자기 세계, 자기 체계에 포함함으로써 더 강한 주체가 된다.[30] 이처럼 여성 타자라는 도전에 맞서 이기는 일, 그리고 마침내 여성의 존중과 인정을 획득하는 일은 주체로서 남성이 자기 자신을 확증하는 데 필요한 요소로 기능한다. '남학생 일동'은 여성이 특권적 지위를 지녔다고 비난하면서 여성을 도전의 대상으로 설정하는 동시에 스스로를 여성의 자리(이기주의, 폐쇄성, 극단성)를 설명하고 파악할 수 있는 지식의 담지자로 위치시킨다. 이 과정에서 '남학생 일동'은 파괴적인 힘을 지닌 여성(총여학생회)에 의해서 고통을 받는 피해자(역차별)가 되며 여성이 바뀌어야 하는 내용을 제일 잘 알고 있는 존재(피/선거권 주장)로 거듭나게 된다. 결국 세이렌의 유혹을 이기고 집으로 '다시 돌아온' 오디세우스처럼, '남학생 일동' 역시 총여학생회와의 대결을 통해서 남성 주체의 자리로 '다시 돌아오게' 되는 것이다.

남성 징병제로 인한 역차별 주장에서도 비슷한 모습을 확인

30　김애령, 위의 책, 44쪽.

할 수 있다. 남성 징병제를 둘러싼 논쟁의 구도는 삶에서 중요한 시기인 20대에 2년 남짓 군대에서 복무했음에도 사회적 인정이나 제도적 지원을 받지 못하는 남성과, 그런 남성에게 고마움을 표하기는커녕 복무 기간 연장을 주장하는 여성으로 설정된다. 그러나 기억해야 하는 사실은 남성의 군대 경험이 피해로 서술될 때는 군 복무가 역차별의 상징이 되지만, 남자라면 반드시 거쳐야 하는 통과의례이자 거친 환경에서 성장할 수 있는 기회로 이해될 때는 문화 자본이 되는 맥락이 존재한다는 것이다. 결과적으로 남성 일반이 군대를 아직 가지 않은 미필자와 이미 경험한 군필자로 구획되는 상황은 유지되고, 비필자-비남성-여성의 연쇄 고리는 남성 징병제로 인한 불이익을 반복적으로 상기시키는 기호가 된다.

따라서 많은 경우, 군필 남성에게 중요한 것은 군대 경험을 피해와 차별의 언어로 이야기하는 일이 아니라 군대 경험에 대한 비필자-비남성-여성의 인정이 된다. 군 복무자에게 실질적인 혜택이 주어지지 않는 군필자 가산점 제도에 많은 이가 동의하는 현상 역시 적절한 인정에 대한 요구라고 설명할 수 있다. 물론 군대 내 인권 침해가 심각한 상황, 강력한 징병제가 이루어지는 상황, 청년 실업이 만성화되는 상황에서 군대 경험에 대한 인정은 중요한 정치적 의제가 될 수 있다. 그러나 군대 경험에 따른 피해나 차별 문제가 젠더 정치학을 정교하게 할 수 있는 자원이 되기보다 비필자-비남성-여성의 인정을 요구하는 명목에 지나지 않을 때, 젠더 불평등은 재생산되고 비필자-비남성-여성에 대한 적대와 혐오는 되풀이된다.

정리하면, 남성 피해자론 내지 역차별 주장이 전제하는 성평등은 여성과 남성의 평등 내지 젠더 다원주의 실현이 아닌 여성을 매개한 남성들 사이에서 이루어지는 것이라는 점에서 치명적인 한계를 갖고 있다.[31] 남성과 대립되는 것으로 여겨지는 여성 범주는 규범적 남성 범주를 승인하는 (열등한) 기호로 의미화되고, 이성애 규범적 경제를 작동시키기 위한 내부의 타자로 등록되게 된다. 남성 동성사회성이 여성 혐오를 기초로 남성 내부의 차이를 지우고 규범적 남성 범주를 직조하듯이, 남성 피해자론은 여성의 인정을 요청하면서 피해가 구성되는 복잡다단한 맥락을 단순화하며 남성의 피해를 자연적인 사실로 만들어낸다. 남성이 피해와 맞서 싸우는 존재이자 피해를 극복하기 위한 해결책을 가장 잘 알고 있는 존재가 되면서, 피해의 책임은 여성에게 지워지고 여성에 대한 적대와 혐오는 강화되며 규범적 남성성은 재생산된다.

---

31 엄기호, 「신자유주의 이후, 새로운 남성성의 가능성/불가능성」, 『남성성과 젠더』, 자음과모음, 2011, 155쪽.

경합하는
성평등 논의

논지당 사건에 많은 이들의 이목이 집중된 이유 중 하나는 논지당 사건이 페미니즘과의 연관성 속에서 이해되었다는 점이다. 특히 해당 교직원이 성평등센터에서 일한다는 점과 성평등센터 소장이 양성兩姓을 쓰는 페미니스트라는 점은 논란을 증폭시켰다. 논지당 사건에 분노하는 이들은 성평등센터가 여학생만을 위한 곳으로 사실상 성차별센터에 지나지 않으며, 진정한 양성평등을 이루는 데 도움이 되지 않는다고 주장했다. 어떤 이는 '중립적이어야 하는 성평등센터에서 페미니즘과 마초이즘 사고를 지녀 물의를 일으킨 이들을 직위 해제시키라'는 내용의 대자보를 붙이기도 했다.

논지당 사건을 둘러싼 논쟁에서 젠더는 여성과 남성의 본질적인 생물학적 차이로 환원되어 이해되곤 했다. 이원 젠더 체계를 전제한 성평등 논의는 여성과 남성의 동일한 대우를 요구하는 데 머물게 된다. '여학생 휴게실이 있는 만큼 남학생 휴게실도 있어야 한다'거나 '학생회비를 내는 남학생도 총여학생회 선거 피/선거권을 가져야 한다'는 주장이 이를 반영한다. 보수적인 양성평등 논의에서는 젠더와 섹슈얼리티의 사회적 구성이 제한적인 방식으로 이해되기 때문에, 여성과 남성이 위치한 불평등한 사회구조는 증발

되고 이성애 규범은 자연화되며 이원 젠더 체계에 순응하지 않는 몸들은 사라지게 된다.

하지만 페미니스트들은 여러 목소리로 평등을 이야기하면서 성평등 논의를 이끌어왔다. 허라금은 차이를 어떻게 개념화하고 어떻게 관계 지을 것인가에 대한 문제가 평등의 핵심임을 지적하면서, 차이를 이해하고 차이에 접근하는 방식에 따라 페미니스트 성평등 논의를 동일 관점, 차이 관점, 젠더 관점으로 구분한다.[32] 먼저 여성과 남성의 동등 대우를 추구하는 '동일 관점'의 성평등 개념은 동일노동 동일임금, 전통적 여성 진입 금지 직종의 개방, 결혼한 여성의 퇴직 불법화, 호주제 폐지 등 위계적인 성역할 규범을 공식화함으로써 이루어지는 불평등을 제거하는 데 효과적이다. 하지만 남성과 같은 여성은 동등하게 처우하고 남성과 다른 여성은 차등적으로 대우하는 것은 성평등을 보장하는 평등 개념으로 충분하지 못할 뿐 아니라 부적절한 경우가 많다.

이에 페미니스트들은 남성을 기준으로 평등을 사유하는 것보다 성차를 인정하는 것이 정의 실현에 도움이 된다는 점을 강조하

---

32 이 문단과 이어진 두 문단은 페미니스트 성평등 논의에 대한 허라금, 「여성주의 성평등 개념을 통해 본 성주류화」, 《여성학논집》 25권 2호, 2008, 48~56쪽의 논의를 요약해서 구성했다.

게 된다. 젠더를 고려하지 않는 성평등의 문제점을 비판하는 '차이 관점'의 성평등 개념은 남성 영역으로 설정된 곳에 여성이 진출하기 위해서 현실적 불리함을 보완하는 적극적 조치의 필요성을 역설한다. 그러나 성차를 제도적으로 승인하는 것이 남성 지배적 영역 및 지위에 여성들의 접근을 차단하는 논리를 정당화하는 근거가 될 위험이 있다는 주장도 제기되었다. 또한 모든 이가 기본적으로 평등하다는 전제를 가진 자유주의 법 담론에서 여성의 조건을 고려한 조치는 여성이 받아야 할 정당한 권리나 대우가 아니라 특별한 보호나 우대 조치로 이해되어, 결과적으로 여성을 보호나 특혜가 필요한 존재로 낙인찍게 되는 문제도 지적되었다.

성차를 따지지 않는 동일 관점의 성평등 개념과 성차를 승인하는 차이 관점의 성평등 개념 모두 차이와 평등의 문제를 남성을 중심으로 다룬다는 점에서 관행화되고 체화된 불평등을 없애는 일에 한계가 있다. 앞선 두 가지 관점과는 다르게 '젠더 관점'의 성평등 개념은 남성과 여성이라는 이분화된 차이를 넘어 다양한 젠더 간의 차이를 고려하는 접근을 가리킨다. 따라서 사회적 불평등이 성적 차이뿐 아니라 성차를 해석하고 평가하는 방식도 형성한다는 것을 인식하고 성차를 의식적으로 재평가하는 작업을 포함하게 된다. 성차가 단순한 차이라기보다 불평등한 권력의 결과물을 가리킨다는 점에서 젠더 관점의 성평등 개념은 성차를 재/생산하는 권력관계 자체의 변형을 근본적인 목표로 지향한다.

허라금의 논의에 비추어볼 때, 역차별을 조장한다는 이유로 여성에게 사과를 요구하는 이들은 동일 관점의 성평등 논의에 머무르고 있다. 게다가 이들은 남성에게 유리하게 조성된 구조는 외면하고, 여성을 비롯한 소수자가 겪는 차별의 문제에는 의도적으로 침묵하고 있다. 정희진은 이원 젠더 체계에서 젠더를 조직하는 기준이 남성이라는 점을 지적하면서 젠더가 남성과 여성 간의 문제가 아니라 규범의 위치를 차지한 남성과 그렇지 못한 비남성의 관계라는 점을 드러낸다.[33] 남성과 여성 범주를 각각 독자적인 대립 항으로 설정하는 것이야말로 성차별을 합리적인 사회질서로 오인하게 만드는 이데올로기라는 것이다.[34] 이원 젠더 체계를 승인하는 동일 관점의 성평등 논의는 남성 동성사회성을 해체하는 데 기여하기 어렵다.

한편 남성 피해자론이나 역차별 주장을 내세운 이들이 비판하는 총여학생회가 동일 관점 내지 차이 관점의 성평등 개념을 따르는 이들이라는 사실은 흥미롭다. 2011년부터 2013년까지 높은

---

33 정희진, 「편재(遍在)하는 남성성, 편재(偏在)하는 남성성」, 『남성성과 젠더』, 자음과모음, 2011, 20쪽.

34 정희진, 위의 글, 21쪽.

지지율을 얻으며 당선된 '연세好' 계열의 총여학생회('연세好', '연세好 TALK', 'THE 好')는 '여성과 남성이 서로의 차이를 인정하고 각자가 지닌 특징과 장점이 함께 어우러져서 진정으로 여성과 남성이 공존할 수 있는 조화로운 사회'를 기대하며 운동을 펼쳐왔다. 졸업 사진 촬영 시기에 여학생뿐 아니라 남학생을 위한 메이크업 사업을 진행하고, 여성과 남성의 행복한 공존을 주제로 하는 문화제에 여학생과 남학생이 한 팀으로 참가하도록 하는 등 남학생을 사업의 주요 대상으로 포함시킨다. 물론 '연세好' 계열 총여학생회의 세 선본이 동일한 사업을 진행했던 것은 아니지만, 이들이 성평등을 정치화하는 방식에서는 유사성을 발견할 수 있다.

그러나 여성이 다른 언어로 세계를 만들어가는 정치적 주체가 아니라 생물학적 차이를 가리키는 기호에 머무르게 되면서 정치적 기구로서 총여학생회의 필요성은 의문에 휩싸이게 된다. 'THE 好'는 남학생의 총여학생회 투표권 주장에 대해서 "학생회비를 납부하는 구성원으로서 남학생에게도 선거권이 부여된다면 이는 또 하나의 총학생회와 다를 바가 없다"며 선거권 부여 요구를 거절했지만,[35] 실제로 이들의 사업은 여학생에게 복지와 편의를 제

---

35 "총여학생회 투표, 남자도 하게 해달라' 연세대 남학생 연합, 총여학생회 투표권 요구", 《헤럴드경제》, 2013. 11. 11.

공하는 행정조직에 가까웠기 때문에 성차가 대표되어야 할 의미를 설득력 있게 제시하지 못했다. '모든 학우가 공감할 수 있는 총여학생회'를 주문하는 '남학생 일동'과 '소수의 목소리에만 집중한 나머지 다수의 목소리를 불식시키려는 어리석은 행동을 하지 않겠다'는 총여학생회 사이의 거리는 그리 멀지 않았다.

'성폭력과 성차별적 문화의 뿌리를 뽑겠다'(THE 好)는 선언을 실현하기 위해서는 젠더, 섹슈얼리티와 상호 교차하는 여러 차이를 살피고 이성애 규범을 탐문하는 데 집중했어야 함에도 '연세好' 계열의 총여학생회는 단일한 이성애자 여성 범주를 운동의 기반으로 삼았다. 수잰 파는 동성애 혐오와 이성애주의가 성차별의 무기임을 강조한다.[36] 그녀는 페미니즘이 완전하고 영속적인 변화를 이루어내지 못하는 중요한 원인으로 동성애 혐오를 언급하면서, 백인 중산층 이성애자 여성을 중심으로 한 운동에서 벗어나 성차별과 함께 연동된 인종 차별, 동성애 혐오, 계급 차별, 반유대주의, 나이 차별, 장애 차별, 제국주의에 맞서 싸워야 함을 주장한다.[37]

페미니스트 정치학은 자연적이고 불가피한 것으로 의미화되는 이성애가 단순히 성적인 것이 아님을 밝혀왔다. 대표적으로 주

---

36 Suzanne Pharr, *Homophobia: A Weapon of Sexism* (Expanded ed.), Chardon Press, 1997, p. 16.

37 Suzanne Pharr, 위의 책, pp. 25~26.

디스 버틀러는 정치경제학의 질서에 따라 작동된다고 이해되는 생산양식 및 성적 교환이 젠더의 안정성, 욕망의 이성애화, 가족의 자연화를 유지하는 데 필수적이라는 점을 지적하면서 섹슈얼리티 논의를 단지 문화적인 것으로 해석하는 경향을 비판한 바 있다.[38] 이성애가 개인의 성적 지향이 아니라 인간 범주를 구성하는 기초 조건이자 사회를 이루는 토대로 기능하는 상황에서, 성차를 재/생산하는 권력관계에 비판적으로 개입하는 젠더 관점의 성평등은 이성애 규범에 도전하는 작업과 분리될 수 없다.

어떤 면에서 '남학생 일동'이 주장한 내용과 총여학생회의 사업이 비슷한 전제를 공유하고 있다고 할 때, 그리고 총여학생회의 사업이 성평등 실현에 있어 한계에 부딪혔다고 할 때, '남학생 일동'이 총여학생회를 비판하는 것은 이들의 주장이 젠더 관점의 성평등 달성과 관계없으며 논리적으로도 허술하다는 점을 보여준다. 이들이 내세우는 진정한 양성평등 담론은 이성애 규범에 기초한 이원 젠더 체계를 강화하고 남성 동성사회성을 재구축하는 것 그 이상도 이하도 아니라고 할 수 있다. '남학생 일동'이 호소하는 억울함을 비판적으로 해석하고 감정의 맥락을 살펴보는 것은 가능하며 필요하다. 그러나 남성 피해자론을 승인하고 역차별 주장을 옹

---

38 주디스 버틀러, 「단지 문화적」, 임옥희 옮김, 《오늘의 문예비평》 56권, 295쪽.

호하며 남성의 이해관계를 반영하는 것을 진정한 양성평등으로 주장하는 것은 젠더 관점의 성평등 실현과 무관하다.

동일하게 젠더 관계, 인식론, 권력, 물적 토대, 상징체계 등을 비판적으로 다루지 못하는 페미니즘 역시 무력해지기 쉽다. "주인의 연장으로 주인의 집을 무너뜨릴 수 없다"[39]고 할 때, 더 많은 권력과 자원을 획득하고 더 높은 가시성을 확보하는 것으로는 평등이 성취되지 않는다는 점을 깨달을 필요가 있다. 누가 더 많은 차별을 겪고 있는지를 겨루는 방식은 차이와 평등을 둘러싼 복합적인 논의를 망가뜨리고 이성애 규범과 이원 젠더 체계를 안정화시킬 수 있다. 여성을 비롯한 소수자에게 가해지는 폭력과 차별이 여전히 중요하게 다루어지지 않는 상황에서 문제를 드러내는 노력은 특별한 의미가 있지만, 성평등이 몇 가지 지표를 개선하고 정책을 수립하는 것으로 환원될 수 없다는 점을 기억할 필요가 있다.

성평등을 젠더 관점에서 이루어내는 작업은 그간 표지되어오지 않은 인식론적 전제를 드러내는 데서 시작될 수 있다. 흔히 소개되는 성평등 논의가 실제로는 여성과 남성 사이의 갈등을 봉합하고 여성과 남성의 균형과 조화를 지향하는 양성평등 논의에서 멈춘다는 점을 지적하면서, 불평등한 권력관계를 재생산하는 구조의

---

39 Audre Lorde, *Sister/Outsider: Essays and Speeches*, Crossing Press, 1984, p. 112.

변화를 추구하는 페미니스트 성평등 의제를 확산시켜야 한다는 것이다.[40] 피해를 정치화하고 차별에 맞서는 (혹은 그렇게 하고 있다고 주장하는) 일이 그 자체로 정당성을 획득하는 것은 아니며, 모두에게 같은 효과를 발생시키는 것도 아니다. 중요한 것은 적대적 감정을 생산하고 권력관계를 은폐하는 현 체제에 도전하는 좋은 정치학에 대한 생산적인 논의다. 우리에게 필요한 것은 주어진 게임에서 이기는 것이 아니라 진정한 의미의 변화이기 때문이다.[41]

어쩌면,
다시 페미니즘

R. W. 코넬은 남성성의 의미, 다양한 남성성들, 남성성의 재생산에 따르는 난점, 젠더의 본성, 젠더 불평등의 범위가 의문에 부쳐지고 격렬한 논쟁의 대상이 되는 상황에서 남성 젠더는 피할 수 없

---

40 이재경·김경희, 「여성주의 정책 패러다임 모색과 '성평등'」,《한국여성학》 28권 3호, 2012, 12~13쪽.

41 Audre Lorde, 앞의 책, p. 112.

는 쟁점이 될 것이라고 예측했다.[42] 가부장제의 정당성은 붕괴했지만 가부장제의 물질적, 제도적 구조가 여전히 남아 있는 복합적인 상황이 펼쳐지기 때문이다.[43] 이에 코넬은 젠더 관계에서 다원적 평등을 성취하기 위해서는 젠더 질서 내부의 다양한 구조에 주목해서, 여성에게 가해지는 남성의 폭력을 종식시키고 성차라는 낙인 및 강제적 이성애를 멈추게 할 필요가 있다고 강조한다.[44]

　지금까지 남성 피해자론과 역차별 주장을 분석하면서 여성 혐오에 기초한 남성 동성사회성을 비판적으로 살피고, 성평등을 실현하는 데 있어 이성애 규범과 이원 젠더 체계를 무너뜨리는 일이 중요하다는 점을 강조했다. 억울하고 화가 난 남성이 성평등에 가까이 가기 위해서는 남성 피해자론이나 역차별 주장이 아니라 피해와 차별을 둘러싼 복합적인 논의를 생산하면서 비판적인 젠더, 섹슈얼리티 논의를 확장하는 페미니즘과 만날 필요가 있다. 페미니즘은 더 많은 이들을 포괄하는 보편, 더 많은 예외를 포섭한 정상, 더 합리적인 규범, 더 추상적인 본질을 추구하는 것이 아니라 보편, 정상, 규범, 본질이라는 개념 자체에 도전하면서 범주와 경계

42　R. W. 코넬, 『남성성/들』, 안상욱 · 현민 옮김, 이매진, 2013, 299쪽.

43　R. W. 코넬, 위의 책, 329쪽.

44　R. W. 코넬, 같은 책, 333쪽.

에 대한 감각을 놓치지 않는 정치학이기 때문이다.

페미니스트 차이의 정치학은 성적 차이가 어떻게 구성되는지, 언제 차이로 의미화/위계화되는지, 누가 차이라고 일컫는지, 차이가 가시화되는 장을 둘러싼 권력관계는 어떤지를 살피는 작업이다.[45] 성차가 구성되는 장에 구체적으로 개입하는 일, 성차에 대한 규범적 해석을 거스르는 일, 차이와 평등의 문제를 새롭게 제기하는 일을 통해 성평등 논의는 비로소 파급력을 가질 수 있다. 남성 피해자론과 역차별 주장에 맞서서 성평등을 이루는 일은 규범적 남성성을 긍정하고 차별을 재생산하는 양성 사이의 조화로운 관계 만들기 기획을 넘어, 규범을 교란하고 정상성을 해체하는 작업을 통해서 가능해질 것이다.

안타깝게도 한국에서 통용되는 페미니즘은 보수적 의미의 성평등을 승인하면서 피해자 여성 논의에 머무르는 경향이 있다. 젠더와 섹슈얼리티를 구성하는 생산적 권력에 대한 비판적 인식이 뒷받침되지 않는 한, 페미니스트 차이와 평등의 정치학은 규범적 질서에 의해 전유되기 쉽다. 여성 대통령 탄생이 상징하는 정치적 변화와 여성에 대한 폭력과 혐오가 줄어들지 않는 현실이 동시에

---

45 정태윤, 「여성대통령의 불/가능성: 새누리당 박근혜 후보의 '여성대통령론'을 둘러싼 논쟁을 중심으로」, 《여성연구논총》 28권, 2013, 58쪽.

나타나는 지금 상황은 '아직까지는 여성이 사회적 약자다'라는 구호로 충분히 설명하기 어렵다. 페미니스트 논의를 풍부하게 만들었던 것은 여성 경험의 보편성이나 여성 범주의 단일성에 대한 믿음도, 피해와 차별을 도구적 차원에서 제시하는 일도 아니라, 언제나 이미 경합하는 목소리였다는 점에 주목해야 한다.

페미니즘과 레즈비언/퀴어 이론, 트랜스젠더리즘 사이의 상호 교차적 관계를 중층적으로 기술하는 김지혜는 페미니스트 정치학이 젠더를 가로지르는 다양하고 복합적인 권력관계 및 성차별의 상관성을 고려하면서 억압과 특권, 포함과 배제의 정치학을 조밀하게 포착하고 규명하는 방향으로 확장되어야 한다고 주장한 바 있다.[46] 남성 피해자론과 역차별 주장이 제기한 차이와 평등 논의를 여성과 남성 사이의 문제로 제한하지 않고 젠더, 섹슈얼리티를 둘러싼 다양한 힘, 감정, 믿음, 실천이 나타나는 역동적인 장에서 이야기할 때, 창조적이고 생동감 넘치는 페미니스트 논의가 마련될 수 있을 것이다. 다른 목소리로 성평등을 노래하는 새로운 남성/성 논의와 페미니스트 정치학을 기대해본다.

---

46 김지혜, 「페미니즘, 레즈비언/퀴어 이론, 트랜스젠더리즘 사이의 긴장과 중첩」, 《영미문학페미니즘》 19권 2호, 2011, 70쪽.

혐오는 무엇을 하는가

: 트랜스젠더퀴어, 바이섹슈얼 그리고 혐오 아카이브

루인

이 글을 쓰는 과정에서 계속해서 함께 토론하고 많은 아이디어를 공유해줬을 뿐 아니라 퀴어이론 자체를 다시 사유하도록 많은 것을 가르쳐준 이브리 님, 몇 가지 이슈를 함께 논의하고 고민을 공유해준 시우 님, 바이섹슈얼 이슈를 끊임없이 고민하도록 하고 관련 이슈로 함께 논의했던 캔디 님께 고마움을 전합니다.

루인

트랜스/젠더/퀴어연구소에서 공부하고 있으며, 비온뒤무지개재단 부설 한국퀴어아
카이브 퀴어락에서 한국 퀴어의 역사를 수집하고 다시 쓰고 있다. 언제나 지금 쓰는
글이 내가 출판할 수 있는 마지막 기회라고 고민한다. 마지막 기회인데도 자기 검열
을 하고 그러면서도 내가 하고 싶은 말을 최대한 하려 애쓴다. 어차피 마지막이라면!
그리고 출판을 못 해도 괜찮다. 나는 계속 글을 쓸 테니까. 관건은 비트랜스사회에서
트랜스젠더퀴어의 언어를 모색하는 일이다. E와 바람과 보리에게 고마움을 전한다.
runtoruin@gmail.com

혐오라는
복잡하고 양가적인 감정

    여성혐오, LGBT[1]/퀴어 혐오를 다루는 글을 살펴보면 혐오하는 적대자와 혐오의 대상이 되는 존재/피해자라는 대립 구도를 염두에 두고 논의를 진행하는 경향이 있다. 혐오와 혐오 폭력을 어떻게 규정할지는 논쟁적이지만 혐오 가해자와 혐오 피해자만은 분명하게 구분할 수 있다는 이해가 널리 퍼져 있기 때문이다. 이런 인식에서 혐오는 부당한 차별이자 폭력, 혐오의 내용은 인권침해로 부

---

1   Lesbian, Gay, Bisexual, Transgender의 약자.

적절한 것으로 논의된다. 이것이 혐오를 둘러싼 일반적 논의다. 나는 혐오 가해자와 혐오 피해자, 혐오하는 자와 혐오받는 자라는 구도로 이 글을 전개하지 않으려고 한다. 물론 논의를 풀어가는 과정에 이런 구도가 등장하지만 종국에는 이런 구도를 비판적으로 사유할 것이다. 혐오 가해자와 혐오 피해자를 분명하게 구분하는 인식으로는 혐오가 작동하는 방식을 충분히 살필 수 없기 때문이다.

이 글에서 내가 제기하는 질문은 소박하고 단순하다. 이른바 혐오 피해자 혹은 혐오의 대상에게 혐오는 어떤 의미인가? 혐오는 어떤 방식으로 작동하는가? 이 질문을 탐문하며 나는 트랜스젠더퀴어 그중에서도 mtf[2]/트랜스여성 및 여성으로 좀 더 통하길 원하거나 여성으로 통하도록 자신을 재현하곤 하는 젠더퀴어와 바이섹슈얼 여성이 겪는 혐오에 초점을 맞추려 한다. 여성 혐오의 복잡한 양상과 혐오의 복잡한 층위를 드러내기 위해서다.

질문 혹은 문제의식은 논의의 내용을 함축할 뿐 아니라 질문자의 인식론적 위치를 반영한다. 예를 들어 트랜스젠더퀴어와 바이섹슈얼이 겪는 혐오에 관해 질문할 때, '트랜스젠더퀴어와 바이섹슈얼은 혐오의 대상이다'라는 문제의식(문제 인식)과 '트랜스젠더퀴어와 바이섹슈얼에게 혐오는 무슨 의미이며, 어떤 가능성이 있

---

2 male to female, 즉 남성에서 여성으로의 이행·전환을 의미.

는가'라는 문제의식을 비교해보자. 이 두 가지 문제의식은 얼핏 혐오를 이해하는 방식 자체가 다른 것으로, 경우에 따라 대립하는 태도로 독해되기 쉽다. 전자는 어떤 사실을 적시한다는 점에서 트랜스젠더퀴어와 바이섹슈얼에게 우호적인 입장으로 해석될 수 있다. 그리하여 트랜스젠더퀴어와 바이섹슈얼이 어떤 식으로건 혐오의 대상이란 점을 명시할 뿐 아니라 트랜스젠더퀴어와 바이섹슈얼이 겪는 혐오가 비非바이섹슈얼 혹은 비非트랜스젠더가 겪는 혐오와는 다른 결이 있음을 고려한 문장으로 독해될 수 있다. 후자의 경우 '가능성'이라는 표현은 혐오 세력 중 일부가 동성애자를 이성애자로 전환할 수 있다고 주장하며 사용하는 용어 '동성애 전환 치료'를 상기시킨다. 따라서 이 문장은 매우 부정적이고 위험한 인식으로 해석될 수 있다. 물론 혐오의 의미를 짚는 질문은 필요하다. 하지만 혐오를 혐오되는 대상의 어떤 가능성으로 설명하려는 시도는 혐오 대상, 혐오 피해자의 입장에서 나올 수 있는 발언은 아니라는 이해가 일반적이다. 그리고 나는 전자의 문제의식에서 출발해 후자의 질문으로 글의 논의를 이행/전환할 것이다.

혐오란 무엇인가? 혐오, 특히 호모포비아, 트랜스포비아 등 LGBT/퀴어를 향한 혐오를 정의하는 구절은 대체로 비슷한 경향이 있는데 그것은 특정 대상을 향한 비합리적 공포로 설명된다. 이런 설명은 어떤 식으로건 대립 구도가 분명하고 의미를 정확하게 파악할 수 있는 개념으로 혐오를 규정하려 한다. 나는 이 글에서 혐오의 의미를 특정하는 방향으로 논의를 전개하기보다는 복잡한 감정을 야기하는 혐오 발화를 분석하는 동시에 혐오의 어떤 가능성을 모색하고자 한다.

혐오의 복잡한 양상, 혐오를 딱잘라서 규정하기 힘들다는 점을 깨달은 것은 2007년 후반, 차별금지법이 중요한 이슈가 되었을 때였다. 포괄적 차별금지법 제정을 준비하는 과정에서 법무부는 LGBT/퀴어 혐오 세력의 집요한 항의에 부딪혔다. 그 결과 차별금지 항목에서 성적 지향 등 총 일곱 개 항목이 빠졌고, 차별금지 항목을 정의하는 정의 규정에서 트랜스젠더와 인터섹스를 포괄한다고 해석할 수 있는 '성별' 등이 빠졌다. 즉각 LGBT를 비롯한 다양한 의제의 인권단체와 개인 활동가가 모여 혐오 세력에 대항하고 우리의 주장을 펼치는 활동을 전개했고, 나 역시 트랜스젠더인권 활동단체 '지렁이' 소속 활동가로 참여했다. 그런데 활동에 참여하며 내가 가장 많이 들었던 말은 '우리 동성애자들은'이었다. 그 자리엔 트랜스젠더, 바이섹슈얼, 그리고 다종다양한 퀴어가 함께하고 있었다. 하지만 발언을 하는 절대 다수가 차별금지법 이슈를 동성애자 이슈로 설명했다. 트랜스젠더퀴어, 바이섹슈얼 등의 이슈는 당사자가 말하지 않는 이상 거의 언급되지 않았다. 결국 지렁이의 문제 제기로 트랜스젠더는 종종 언급되었지만 바이섹슈얼은 계속해서 언급되지 않았다. 혐오 세력에 대항하고 LGBT/퀴어의 주장을 펼치는 활동이 트랜스젠더퀴어와 바이섹슈얼을 배제하거나 누락할 때, 이것을 어떻게 생각해야 할까? 혐오 세력에 대항하는 LGBT/퀴어 활동에서 '여기에 트랜스젠더퀴어도 있다', '여기에 바이섹슈얼도 있다'는 말을 해야 한다면 이것은 LGBT/퀴어 활동과 커뮤니티라고 말하는 상상적/망상적 공동체가 바이섹슈얼과 트랜스젠더퀴어를 (적극) 사유하는 공간이 아님을 의미한다. 이런 공간에서 트랜스젠더퀴어, 바이섹슈얼로 지낸다는 것은 어떤 의미일까? 이것을 혐오라고 말할 수 있을까? 이것을 혐오라고 부른다면, 보수 기독교를 표명하며 노골적 적대를 공공연히 드러내는 이들의 혐오와는 어떻게 다를까? 이런 고민은 2007년으로 끝나지 않았다.

2014년 서울시에서 서울시민인권헌장을 제정하려 했을 때 예수와 성경을 파는 혐오 세력은 조직적으로 반대 시위를 전개했다. 혐오 발화를 경청해야 할 정치적 고견(!)으로 받아들인 박원순 서울시장은 인권헌장 제정을 거부했다. 이에 LGBT/퀴어 단체와 활동가, 개인은 서울시청 로비를 점거하고 농성을 진행했다. LGBT/퀴어의 보편적 인권을 주장하는 농성장에서 트랜스젠더퀴어와 바이섹슈얼은 여전히 '우리도 여기에 있음'을 알려야 했다. 존재를 삭제하지 못하도록, 누락하지 못하도록 알리는 목소리는 2014년에도 계속되었다. 2007년에도 그랬지만 2014년 서울시청 로비를 점거한

'무지개농성단'은 분명 LGBT/퀴어가 참여한 운동이었다. 하지만 농성은 LGBT/퀴어의 활동이 아니라 게이 혹은 동성애자 활동가와 단체의 운동으로 재현되었고 실제 그렇게 보도되었다.[3] 점거농성에 참가한 트랜스젠더퀴어와 바이섹슈얼 활동가 개개인은 마치 자신들이 연대 활동을 하고 있는 것 같다고 반응했다.

서울시민인권헌장에서 보수 기독교를 가장한 혐오 세력의 적대적 반응을 야기한 부분은 차별금지 항목의 성적 지향 및 성별 정체성이었다. 혐오 세력은 이 두 항목이 포함되지 않는 헌장안을 제시하며 '성적 지향 및 성별 정체성' 삭제를 강하게 요구했다. 이 과정에서 또 다른 문제가 발생했다. 성적 지향, 즉 양성애, 동성애, 이성애, 무성애 등 다양한 성적 관계를 지칭하는 개념어는 간단하게 동성애로 치환되었다. 혐오 세력도, 혐오에 대항하는 이들 상당수도 성적 지향을 동성애로 등치하며, 성적 지향 항목 삭제를 동성애 삭제로 이해하는 태도를 공유했다. 미국에서 트랜스젠더 및 바이섹슈얼 혐오를 논하는 질리언 와이스는 "성적 지향"이 "'동성애'를 대체할 오늘날의 용법"[4]이라고 비판했는데, 정확하게 이런 형상

3　Shiwoo, "Is It Too Late or Too Early?: LGBT/Queer Temporalities in Contemporary South Korea," Representations and Self-Representations of Queer(s) in East Asia Conference in Vienna, 2015.03.20-22. Ed. Jasmin, Hannah & Jan. Vienna: Universität Wien, 2015.

4　Jillian Todd Weiss, "GL vs. BT: The Archaeology of Biphobia and Transphobia Within the

이었다. 성별 정체성 삭제는 트랜스젠더퀴어 활동가의 발언이 아닌 이상 거의 언급되지 않거나 성명서의 문구로만 언급되었다. 성적 지향, 성별 정체성이라는 용어의 의미는 충분히 사유되지 않았다. 트랜스젠더퀴어와 바이섹슈얼은 이런 상황을 어떻게 이해해야 할까? 대의적 차원에서 그냥 넘어가야 할까? 이것을 혐오라고 말하지는 않는다고 해도, 어쨌거나 우리 존재가 삭제되거나 누락되는 경험이 지속적으로 발생할 때, 그런데 이 경험이 '성적 지향 및 성별 정체성'을 사회적으로 삭제하지 못하도록 항의하는 자리에서 발생할 때, 우리/나에게 혐오는 간단한 문제가 아니다. 혐오는 가해자-피해자, 혐오자-혐오 대상이란 식으로 단순하게 나눌 수 있는 구도를 형성하지 않는다. 혐오는 분명한 어떤 감정을 야기하는 사건이 아니라 양가적 감정을 불러일으키는 현상이다.

다른 한편, 다음 장에서 자세히 논하겠지만 트랜스젠더 연예인 하리수 씨가 2001년 3월 방송에 데뷔했을 때 많은 페미니스트가 공공연히, 하지만 주로 사적 자리에서 트랜스젠더를 맹비난했고 혐오했다. '트랜스젠더는 임신과 출산을 할 수 없으니 여자가 아니다', '트랜스젠더 하리수는 여성성을 강화하고 여성 억압에 공모한

U.S. Gay and Lesbian Community," *Bisexuality and Transgenderism: InterSEXions of the Others*, Ed. Jonathan Alexander & Karen Yescavage, Harrington Park Press, 2003, p. 35.

다', '트랜스젠더는 자기혐오로 건강한 신체를 훼손하는 존재다'와 같은 말을 여러 번 들었다. 비트랜스 페미니스트와 만나는 사적 자리뿐 아니라 대학 여성학 수업 강의실에서도 쉽게 들을 수 있었다. 몇 년의 시간이 지나면서 '보편적' 인권 개념이 퍼지고 트랜스젠더퀴어가 LGBT에 속하는 '성소수자'란 인식이 생기면서 많은 여성 단체와 페미니스트가 트랜스젠더퀴어를 지지하고 함께 운동을 전개하고 있다. 하지만 트랜스젠더퀴어를 향한 태도가 변하는 과정에서, 내게 트랜스혐오 발화를 직접 했던 이들 중 과거의 혐오 발화를 성찰하는 사람은 없었다. 더 나쁜 상황은 트랜스젠더 정치학을 젠더 정치학의 의제가 아니라 동성애처럼, 하지만 동성애와는 다른 '새로운 성적 지향의 하나'[5]로 인식한다는 점이다. 소수의 몇 명을 제외한 많은 페미니스트 연구자가 젠더 연구를 진행함에 있어 트랜스젠더 이슈를 젠더 정치학으로 사유하기보다는 그저 새로운/색다른 성적 지향/성적 선호 이슈로 취급하고 있다. 이를 통해 비트랜스여성과 트랜스여성의 경험을 함께 논할 젠더 의제로 사유하지 않고 둘을 구분 짓는 경향이 지속되고 있다.

내게 혐오라는 주제는 언제나 딜레마에 가깝고 또 쉽게 설명

---

5 Susan Stryker, "Transgender History, Homonormativity, and Disciplinarity," *Radical History Review* 100, 2008, pp. 145~157.

여성 혐오가 어쨌다구?

할 수 없는 감정에 가깝다. 나를 누락하는 사람이 나/트랜스젠더퀴어를 지지하고 연대를 표방하는 사람이기도 하다. '그들은 혐오자니까 나와 적대 관계다'라고 결코 말할 수 없다. 나를 배제하고 때때로 공공연히 적대하거나 혐오하는 이들과 함께 연대를 모색하고 고민을 나누고 '우리'를 혐오하는 '그들'에게 대항한다. 혐오는 나를 적대하는 이들과 연대하며 공유하는 감정이다. 이런 상황에서 내가 혐오를 말할 수 있는 방법 중 하나는 '혐오가 트랜스젠더퀴어와 바이섹슈얼에게 무엇을 하는가'라는 질문을 던지는 것이다. 혐오라는 감정, 감정이라는 혐오가 트랜스젠더퀴어와 바이섹슈얼의 삶을 어떻게 직조하는가를 질문하고 탐문해야 한다.

감정 연구가 어느 정도 축적된 지금도 감정은 여전히 이성적이지 못한 비합리적 행동, 본질적 반응으로 이해되는 경향이 있다. 하지만 감정이 사회적 삶에 관한 것, 사회문화적 구성이란 논의는 지난 몇십 년 동안 상당히 축적되었다. 축적된 논의를 밑절미 삼아 사라 아흐메드는 감정이 사회문화적 구성이라는 논의를 반복하는 대신, 감정의 수행성을 살핀다. 감정을 둘러싼 논의를 살펴보면 종종 감정을 이미 존재하는 것, 개인이나 집단이 이미 소유하고 있는 것으로 가정하는 경향이 있다. 또한 감정을 사회문화적 구성으로 설명할 때 이런 설명은 그 의도가 무엇이건 종종 감정과 개인의 몸을 분리시킨다. 메이슨 역시 비슷하게 지적했듯, 감정은 개별 주체에게서 기원하거나 그것으로 수렴할 수 있는 것이 아니라 몸으로 포착하는 것이다.[6] 따라서 아흐메드는 감정의 사회성을 제안하며, 감정이 대상 및 타자와의 접촉을 통해 어떻게 몸의 표면과 경계를 형상하는지를 질문한다.[7] 이 작업을 위해 아흐메드는 감정을 논의하는 질문의 구조 자체를 바꾸는데, "감정이란 무엇인가"가 아니라 "감정은 무엇을 하는가"[8]라고 질문한다. 감정이 몸과 사회에 작용하는 방식, 그리고 감정의 작용을 통해 형상되는 모습을 살피고자 하는 것이 아흐메드의 문제의식이다.

혐오라는 감정, 감정이라는 혐오가 트랜스젠더퀴어와 바이섹슈얼의 삶을 어떻게 구성하는가라는 나의 문제의식은 아흐메드의 질문을 변주한 것이다. 감정은 단순히 사회문화적 현상이 아니라 '내'가 세상 혹은 타인과 접촉하는 방식이자 '내'가 세상과 조우할 때 받는 인상이자 형상이다. 나는 이런 문제의식에서 트랜스젠더퀴어와 바이섹슈얼이 겪는 혐오 논의를 풀어가고자 한다. 적대적 대립으로 설정해서는 결코 풀어낼 수 없는 혐오의 복잡하고 양가

---

6   Gail Mason, "Being Hated: Stranger or Familiar?," *Social & Legal Studies* 14.4, 2005, p. 586.

7   Sara Ahmed, *The Cultural Politics of Emotion*, Routledge, 2004, pp. 9~10.

8   Sara Ahmed, 위의 책, p. 4.

적인 얼굴을 살피기 위해선 혐오라는 감정이 무엇을 하는가를 질문해야 한다. 그래야만 혐오에서 어떤 '가능성'을 살필 수 있다.

비트랜스 페미니즘의 트랜스 혐오, 동성애의 바이 혐오 ― 혐오로 조우하기

왜 어떤 여성은 혐오의 대상이 되고, 어떤 여성은 혐오의 대상이 될 뿐 아니라 부정과 부인의 대상이 될까? 현재 한국의 많은 비트랜스여성은 '(비트랜스)된장녀', '(비트랜스)김치녀' 등으로 불리며 비난과 혐오의 대상이 되고 있다. 그런데 mtf/트랜스여성은 비난과 혐오의 대상일 뿐 아니라 여성성 실천을 이유로 부정과 부인의 대상이 되고 있다. mtf/트랜스여성은 여성성을 너무 '과하게' 실천하기에 도리어 어색하고 그래서 남자 티가 난다거나 어딘가 여성성이 부족하고 목소리건 어디건 어떻게든 '남성적 요소'가 남아 있기에 '결국 남성'이라는 인식이 만연하다. mtf/트랜스여성에게 여성성 실천은 여성성 개념을 다시 살피도록 하는 인식론적 전환점으로 받아들여지기보다 비트랜스여성과는 근본적으로 다를 뿐 아니라 끊임없이 남성임을 환기시키는 단서로 독해된다.

mtf/트랜스여성과 비트랜스여성을 구분하는 방법이자 mtf/

트랜스여성을 '비하'하는 표현 중 하나는 '인공적 여성'이라는 호명이다. 김정란은 「하리수 – 인공적인 여성」에서 트랜스젠더를 "그동안 너무나 오랫동안 어둠 속에 숨어 있었던" 존재라고 규정하는 동시에, "'성전환 수술'이라는 것 자체가 이미 인공적인 것이기 때문"에 하리수의 "아름다움은 일종의 인공미의 극치"라고 평한다.[9] 이 글에서 김정란은 하리수 씨가 데뷔할 당시부터 지금까지 이어지고 있는 사회적 통념이자 부정적 인식, 즉 트랜스젠더는 인공적 존재, 부자연스럽고 부적절한 존재라는 이해를 공유하는 동시에 적극 개진한다. 김정란의 논의는 크게 두 가지인데 하나는 mtf/트랜스여성이 인공적 존재이자 '이미지'로서 비트랜스여성의 '실재'와는 근본적으로 다르다는 점이며, 다른 하나는 트랜스젠더 혹은 하리수 씨의 행동을 통해 그것이 얼마나 진보적이냐를 평가하는 작업이다.

　진보성 평가를 먼저 살펴보면, 김정란은 mtf/트랜스여성 하리수가 연예인이며, "연예인이 사회 안에서 행사하는 영향력은 지대"하다는 점을 들어, 연예인 하리수 씨가 "사회의 변화를 앞당기기 위해" 노력해야 한다고 주장한다.[10] 김정란의 바람에 부응하지 않는 하리수는 "인공적으로 강화된 기존의 여성적 아름다움의 이미지로

9　　김정란, 『말의 귀환』, 개마고원, 2001, 120~121쪽.

10　　김정란, 위의 책, 123쪽.

서 받아들여진 것일 뿐"이며, "그녀는 트랜스젠더라기보다는 인공적으로 강화된 여성"일 뿐이다. 그리하여 김정란에게 하리수가 "전달하는 여성 이미지는 전혀 진보적이지 않"으며, "오히려 너무나 보수적"이다.[11] 하리수의 '인공성'이 하리수의 '보수성'이 되는 순간이며, '부자연스러움' 혹은 '인공미'가 보수성과 등치되는 순간이다.

김정란이 mtf/트랜스여성 하리수를 비난하는 태도는 특별한 것이 아니며, 일상에서 특히 내가 여성학을 공부하며 만난 선생님이나 동료에게서 빈번하게 들은 비판 혹은 비난이다. 트랜스젠더라면 젠더를 횡단하거나 위반하는 존재인데 왜 이렇게 보수적이고 여성성을 강화하느냐와 같은 식의 '평가'를 셀 수 없이 많이 들었다. 그런데 이것이 비난할 이유가 된다는 판단은 어떻게 가능한가? 김정란은 하리수 혹은 mtf/트랜스여성이 보수적이라고 평가/비난할 때 "우리가 트랜스젠더에게 기대하듯이"라는 말로 논의를 시작한다. 여기서 '기대'는 이런 평가/비난의 핵심이다. 하리수 씨가 보수적인가 진보적인가라는 판단은 트랜스젠더퀴어란 이러이러해야 한다는 김정란 류의 사람들이 갖는 기대에 따른 효과다. 이런 기대는 이미 결론이 나 있는 '프로크루스테스의 침대'로, 트랜스젠더퀴어를 페티시 삼는 이들의 기대에 트랜스젠더퀴어가 얼마나 부합

---

11 김정란, 앞의 책, 122쪽.

하느냐로 규정된다. 그러니까 김정란의 평가는 mtf/트랜스여성 하리수 씨의 삶을 논하는 것이 아니라 트랜스젠더퀴어에게 규정하는 기준, 즉 김정란의 가치판단을 드러내는 행위다.

　김정란의 비난은 다음의 몇 가지 질문을 야기한다. 왜 사람의 삶을 진보 아니면 보수로 구분해야 하는가? 사람의 삶을 진보 아니면 보수라는 식으로 구분할 수 있는가? 비트랜스젠더 특히 비트랜스여성의 삶도 젠더 실천 양상에 따라 진보 아니면 보수로 구분하는가? 김정란은 mtf/트랜스여성 하리수 씨가 방송에서 왜 그런 식으로 자신의 삶을 재현하는지를 사유하지 않는다. 진보 아니면 보수라는 막연하고 기준이 불분명한 잣대를 "원론",[12] 즉 투명하고 보편적인 지식/판단 기준이라고 주장하며 구분을 고집할 뿐이다. 만약 여성성을 실천하는 방식에 따라 여성을 진보와 보수로 구분할 수 있다면 김정란 류의 사람들이야말로 지극히 보수적이라고 평할 수 있다. 김정란의 평가는 기존의 이성애-이원 젠더 규범 자체는 그대로 두고 그 안에서 어떻게 '다른' 여성성을 실천할 것인가로 진보와 보수를 가른다. 이원 젠더 규범은 태어날 때 여성으로 지정받은 사람이 소녀로 자라 성인 여성이 되고 할머니로 늙고, 죽었을 때 사망신고서의 성별란에 '여'로 표시될 것을 요구한다. '당연히'

12　김정란, 앞의 책, 121쪽.

이 생애 과정은 이성애자로 살아가는 과정이다. 태어날 때 지정받은 젠더를 자신의 젠더로 받아들이고 이를 전혀 의심하지 않으며, 혹여 의심하더라도 여성성을 실천하는 방식 정도의 의심이지 지정받은 젠더 자체는 의심하지 않으면서 평생 살아갈 것을 자연화하는 이원 젠더 규범에서 김정란 자신은 어떻게 살고 있는지 질문하고 싶다. 그 자신은 이런 규범을 질문하고 다르게 살려고 하지 않으면서 트랜스젠더를 페티시 삼아 진보, 보수 운운하는 것을 어떻게 이해해야 할까? 당연하게도 이것은 함부로 진보 혹은 보수라는 식으로 평가할 수 있는 성격이 아니다. '넌 비트랜스젠더고 태어날 때 지정받은 젠더대로 살고 있으니까 보수적이야!'라는 식으로 단언할 수 없고 단언해서도 안 된다. 이것은 삶의 맥락을 두텁게 살펴야 하고 그에 따라 다양한 해석을 해야 하는 의제다.

김정란처럼 자신의 기대로 트랜스젠더 하리수 씨를 난도질하는 이경의 글 「하리수, 그 날짜 변경선의 코드 읽기: 하리수를 부탁해」[13]는 mtf/트랜스여성 혐오의 정수다. 이경의 글에는 하리수 씨 혹은 mtf/트랜스여성을 향한 혐오, 더 정확하게는 비트랜스 페미니스트가 트랜스젠더를 혐오하며 사용했던 언설, 이유 등이 집약되

---

13 이경, 「하리수, 그 날짜 변경선의 코드 읽기: 하리수를 부탁해」, 《여/성이론》 5, 2001, 101~113쪽.

어 있다. 이경은 하리수 씨를 "반자연적이고 반인륜적인 존재"[14]라고 설명하면서, "트랜스섹슈얼이 금세기의 여성이 잃어가고 있는 여성성을 거의 완벽하게 잘 복원해서 가지고 있다는 사실은 그 자체가 여성성에 대한 일종의 명령어로 기능한다"[15]고 주장한다. 이경의 논점은 하리수 씨가 "정신을 주인 삼아 몸을 도구화시킨 근대의 표본"[16]이며 몸의 '부자연스러운' 변형을 통해 구성한 아름다움, 여성성 실천이 비트랜스여성을 억압한다는 내용이다.

물론 이경의 논의는 읽기에 따라 하리수 씨의 자기 재현 방식을 비판했지 하리수 씨 개인 혹은 트랜스젠더 일반을 비판한 것은 아니라고 독해될 수 있다. 분명 이경 그리고 김정란은 하리수 씨의 재현 방식에 초점을 맞추고 있다. 하지만 이들 비판은 중요한 측면을 간과한다. 앞으로 내가 논하겠지만 이경과 김정란은 비트랜스 규범적 사회에서 트랜스젠더가 처한 위치, 자신이 원하는 젠더로 통하기 위해 선택하는 재현 전략, 그리고 그 전략이 등장해야 하는 사회문화적 맥락과 권력 관계를 사유하지 않는다. 이들에게 트랜스젠더와 비트랜스젠더는 어떤 권력 차이도 발생하지 않는, 투명

---

14 이경, 앞의 글, 103쪽.
15 이경, 앞의 글, 107쪽.
16 이경, 앞의 글, 102쪽.

한 주체일 뿐이다. 그렇다면 이경이나 김정란의 논의는 단순히 하리수 씨 개인에게 초점을 맞추는 문제가 아니다. 그들 논의에서 비트랜스 규범적 사회 자체를 질문의 대상으로 삼지 않는 태도가 문제다. 다른 말로 트랜스젠더와 비트랜스 규범적 사회의 관계를 조금도 사유하지 않는 이경의 비난은 하리수 씨 개인에 국한되지 않고 트랜스젠더 일반을 포괄한다. 이경처럼 권력 관계를 전혀 사유하지 않는 재현 비판 작업은 비판이 아니라 비난에 더 가깝다. 마찬가지로 이런 상황에서 나오는 '조언'은 그 내용의 문구 자체가 무척 그럴 듯하다고 해도 '조롱'에 더 가깝다. 이경과 김정란의 작업은 정확하게 이 지점에서 독해해야 한다.

이경의 가정, "남자를 사랑하기 위해 여자로 변신한"[17] 트랜스젠더는 몸을 도구화하고 몸을 인위적으로 바꾼 존재라는 인식은 김정란이 "인공적인 여성"이라고 부른 측면과 강하게 공명한다. 이것은 이들뿐 아니라 트랜스젠더퀴어를 비난하는 이들이 공통으로 사용하는 언설이다. 트랜스젠더퀴어를 인공적이고 인위적 존재, 의료 기술에 종속되어 젠더를 부자연스럽게 바꾼 존재라는 이해는 트랜스혐오 발화에서 긴 역사를 지닌 것이다. 예를 들어 1970년대 유명한 페미니스트인 메리 데일리는 트랜스젠더를 의료적으로 기

---

17 이경, 앞의 글, 107쪽.

괴하고 변형된 괴물로 묘사했고, 또 다른 페미니스트 제니스 레이먼드는 몸 변형을 통해 여성의 공간에 침입하고 여성을 강간하는 존재, 여성과 여성성을 인위, 인공물로 만들며 여성을 희화하는 존재라고 맹비난했다.[18] 이를 통해 트랜스젠더퀴어는 의료 기술로 탄생한 존재, 결코 '여성'이 될 수 없으며 도리어 여성을 억압하는 존재라는 인식론을 페미니즘 내외부에 공유했다.

이런 식의 이해는 mtf/트랜스여성이 여장을 했고 여성 흉내는 내지만 어쨌거나 남자라고 이해하기 때문이다. mtf/트랜스여성의 여성성 실천은 페미니스트 이외에도 다양한 대중에게서 비난받는데, 바이섹슈얼 트랜스젠더 작가이자 생물학자인 줄리아 세라노가 지적하듯 이것은 mtf/트랜스여성의 여성성 실천 때문이 아니라 mtf/트랜스여성이기 때문이다.[19] 즉 mtf/트랜스여성이 어떤 식으로 여성성을 실천하건 mtf/트랜스여성이기 때문에, 즉 태어날 때 남자로 지정받은 몸이기 때문에 여성성, 여성적 젠더 실천은 어색하고 괴상한 것으로 독해된다. 그래서 트랜스페미니즘이나 트랜스젠더 이슈를 포함하길 거부하는 비트랜스 페미니스트는 그 이유를

---

18 Susan Stryker, "My Words to Victor Frankenstein above the Village of Chamounix: Performing Transgender Rage," *GLQ: A Journal of Lesbian and Gay Studies* 1.3, 1994, p. 238.

19 Julia Serano, "Reclaiming Femininity," *Transfeminist Perspectives in and beyond Transgender and Gender Studies*, Ed. Anne Enke, Temple University Press, 2012, p. 172.

mtf/트랜스여성의 "'도를 넘은' 혹은 '과잉' 여성 젠더 표현[20] 때문이라고 했다. 이것이 여성을 희화하고 억압한다고 이해하기 때문이다. 실제 mtf/트랜스여성이 여성성을 과하게 표현하며 '여성성을 우스꽝스러운 것'으로 만드는지는 알 수 없다. 이런 이해는 태어날 때 남자로 지정받은 사람의 남자답지 않은 행각, 음경이 있거나 있었다고 추정하는 사람의 일시적 착각이란 판단을 밑절미 삼은 반응이기 때문이다.

'진짜'로는 남자인데 여성인 것처럼 행동한다는 점은 탈리아 매 베처가 비판하듯 mtf/트랜스여성을 사기꾼, 기만자로 재현한다.[21] 마치 mtf/트랜스여성이 아닌 것처럼 행동하고 일상에서 비트랜스여성으로 통하지만 '실제'로는 남자며 이는 기만 행위, 속임수이기 때문이다. 그리고 바로 이것이 트랜스젠더퀴어의 행동을 여성 억압, 여성 혐오, 여성성 공격으로 해석할 근거가 된다. 김정란과 이경 류의 태도는 이런 인식을 그대로 반복하고 있다. 그런데 이런 비난이 야기하는 문제는 단순히 mtf/트랜스여성은 여성이 아니라며 혐오하는 데서 그치지 않는다. mtf/트랜스여성에게 의료 기

---

20 Julia Serano, 앞의 글, p. 173.

21 Talia Mae Bettcher, "Understanding Transphobia: Authenticity and Sexual Violence," *Trans/Forming Feminisms: Trans-Feminist Voices Speak Out*, Ed. Krista Scott-Dixon, Sumach Press, 2006, p. 204.

술적 개입, 인공, 인위, 조작을 대응시키고 이를 통해 보수적 속성을 귀속시키면서, mtf/트랜스여성과는 전혀 다르다고 여기는 비트랜스여성을 자연스럽고 의료 기술적 개입이 없는 존재, "실재"[22] 로 만든다는 점이다.

자연스러운 비트랜스여성과 부자연스러운 mtf/트랜스여성이란 이항 대립, 나아가 태어날 때부터 젠더화된 몸을 자연스럽게 갖춘 비트랜스젠더와 인위적으로 젠더를 조작하는 트랜스젠더퀴어라는 구분은 매우 익숙한 것이다. 트랜스젠더퀴어를 둘러싼 많은 논의에서 몸과 젠더의 구성은 언제나 이런 대립을 통해 설명된다. 이런 대립은 근대적 인간 모두가 의료 기술을 통과한 존재이며, 의료 기술을 통해 특정 젠더로 지정된 존재란 점을 간과한다. 의료 기술을 통과하지 않으면서 근대국가의 국민으로 등록되는 것은 불가능하다. 즉 우리는 의료 기술을 통과하고서야 의료적 진단 범주인 젠더를 구성하고 젠더화된 몸을 형상한다.

물론 비트랜스젠더와 트랜스젠더퀴어 사이에 차이는 존재한다. 비트랜스젠더의 젠더화된 형상은 마치 의료 기술을 거치지 않는 것처럼, 의료 기술과는 무관한 것처럼 인식하도록 사회가 구성되어 있다. 비트랜스젠더가 젠더를 구성/결정하는 과정에서 의료

---

22 김정란, 앞의 책, 122쪽.

기술을 경험하는 방식은 그냥 자연스러운 인간이 되는 과정이다. 대체로 많은 비트랜스젠더는 젠더를 구성하는 의료 기술을 자연스러운 것, 과정이 아닌 것, 경험이 아닌 것으로 체화한다. 의료 기술을 자연 질서로 만들고자 하는 근대 기획을 체화하는 것이다. 하지만 트랜스젠더퀴어의 젠더 구성은 김정란과 이경이 주장하듯 언제나 부자연스럽고 인위적인 것으로 인식된다. 트랜스젠더퀴어는 태어날 때 의료 기술이 지정한 젠더를 정면으로 거스르지만 의료 기술에 종속된 인공적 존재라며 비난받는다. 이러한 인식론적 차이가 비트랜스젠더를 자연스러운 젠더/몸으로 트랜스젠더퀴어를 부자연스럽고 의료 기술로 구성된 젠더/몸으로 구분하도록 한다. 그래서 수전 스트라이커는 "내 말에 주의하라. 너도 너 자신에게서 솔기와 봉합선을 발견할 것이다"[23]라고 지적했다. 비트랜스젠더건 트랜스젠더퀴어건 우리는 모두 사회문화적 공산품이며 사회문화적 해석체다. 의료 기술을 통해 젠더를 봉합한 흔적을 읽을 수 있느냐 없느냐는 근대적 젠더가 구성되는 방식을 직시하느냐, 회피하고 타자에게 투사하며 자신을 자연으로 만들고자 하느냐의 문제이기도 하다.

그럼에도 김정란이, 특히 이경이 트랜스젠더를 인공물로 만

---

23 Susan Stryker, 앞의 글, p. 241.

들고 여성을 억압하는 존재라고 규정할 때 나는 다음의 질문을 던지고 싶다. 이경이 말하는 여성은 어떤 여성이며, 여성의 몸은 어떤 식으로 구성된 몸인가? 구분과 배제를 통해 비트랜스여성 범주를 구축하면서,[24] 상상적 타자에 의해 위협받고 억압받는 주체를 만드는 서사 작업을 통해[25] 비트랜스여성을 투명한 범주, 자연스러운 범주, 따라서 단일하거나 동질적 범주로 구성하는 것은 아닌지 강하게 의심할 필요가 있다. 해석하고 인식하는 위치에 따라 mtf/트랜스여성과 비트랜스여성의 차이보다 비트랜스여성 간의 차이가 훨씬 크지만, 이경은 이를 전혀 고려하지 않고 mtf/트랜스여성을 비트랜스여성의 억압자, 여성성을 강압하는 존재로 규정한다. 여기에 그치지 않고 이경은 시몬 드 보부아르의 유명한 문장 "여자로 태어나지 않고 여자로 만들어진다"를 가져와서는 하리수가 보부아르의 문장을 "가장 고지식하게 실천한 트랜스섹슈얼"[26]이라고 비꼰다. 즉 하리수는 여자로 태어나지는 않았지만 수술을 통해 고지식하게 여자로 만들어졌다는 뜻이다. 정확하게 이 과정에서 이

---

24 Joshua Gamson, "Messages of Exclusion: Gender, Movements, and Symbolic Boundaries," *Gender and Society* 11.2, 1997, pp. 178~199.

25 Sara Ahmed, 앞의 책, p. 43.

26 이경, 앞의 글, 101~102쪽.

경은 비트랜스여성을 자연스러운 존재, 투명한 몸으로 가정한다. 그리하여 여성을 몸 없는 보편적 주체, 즉 데카르트적 주체로 만든다. 이경은 mtf/트랜스여성과 비트랜스여성이라는 불가능한 이항 대립 구도를 조작해내면서 비트랜스여성을 가장 근대적인 여성 주체, 그것도 데카르트가 망상한 몸 없는 인간 주체로 만드는 데 성공한다.

mtf/트랜스여성과 비트랜스여성의 대립, 특히 mtf/트랜스여성과 비트랜스 페미니스트의 대립은 김정란이나 이경만의 것이 아니며, 2000년대 초반으로 끝나지 않았다. 2008년 당시 페미니즘의 흐름을 요약 정리하는 글에서 임옥희는 다음과 같이 설명했다.

> 〈트랜스아메리카〉에서의 브리와 [〈천하장사 마돈나〉의 주인공] 동구에게 성전환 수술은 자기 몸을 훼손하는 것이 아니라 이상적인 체현으로서의 완벽한 여성으로 귀환하는 것이다. 페미니즘은 자연으로 주어진 섹스라는 것이 없다고 끊임없이 주장해왔다는 점에서 구성주의였다면, 트랜스섹슈얼은 자연으로 주어진 섹스로 귀환하려고 한다는 점에서 본질로 주어진 생물학적 섹스를 주장하게 된다. 이렇게 된다면 페미니즘이 몇십 년 동안 진척시켰던 젠더 구성주의 논의를 출발선상으로 되돌리는 셈이 된다. [27]

비트랜스여성을 자연스러운 존재, 본질적 존재로 주장하며 mtf/트랜스여성을 인공적, 인위적 존재로 규정한 것은 비트랜스 페미니스트였다. 동시에 여성을 본질적으로 타고난 존재로 제한해서 사유하고 이론을 개진한 것 역시 비트랜스페미니즘의 작업이다. 그럼에도 임옥희는 마치 그런 역사와 현재가 없(었)다는 듯 비트랜스페미니즘을 이론적 진전, 사회문화적 구성으로, 트랜스젠더퀴어를 보수, 역행, 퇴보로 배치한다. 이를 통해 이경과 김정란의 인식을 완벽하게 공유하며 '모든 부정적인 것'을 트랜스젠더퀴어에게 돌린다. 이런 태도가 트랜스 혐오가 아니라면 달리 뭐라고 부를 수 있을까? 마치 자신은 아무런 잘못도 하지 않았는데 트랜스젠더퀴어 때문에 잘못되어간다는 태도는 여성 혐오자가 "사회적으로 지탄받을 만한 여성의 행동"을 "인민재판"[28]했다며 여성에게 모든(혹은 일부) 잘못을 떠넘기는 태도 및 그 혐오자를 두둔하는 태도와 어떤 차

—

27 임옥희, 「최근 페미니즘의 이론 동향」, 《오늘의 문예비평》 68호, 2008, 91쪽.

28 한윤형, 「왜 한국 남성은 한국 여성들에게 분노하는가: 여성 혐오, 한국사회가 가지고 있는 어떤 특수성」, 《문화/과학》 76호, 2013, 198쪽. 이 글에서 한윤형은 군대 문제로 여성 혐오가 발생하는 상황을 설명하며 "여성들이 적극적인 개혁안을 발의한다면 남녀 갈등의 큰 부분이 봉합이 가능할 것"(195쪽)이라며 여성에게 책임을 넘기거나 "사회적으로 지탄받을 만한 여성의 행동"(198쪽)을 했기에 남성들이 여성을 혐오하고 그 혐오가 더 많은 남성에게 지지받는다고 설명한다. 여성을 혐오하는 남성의 행동을 설명하겠다는 이 글에서 한윤형은 여성에게 책임을 떠넘기며 여성 혐오자를 두둔하고 있다.

이가 있을까? 물론 둘의 태도를 완벽하게 등치할 수는 없겠지만 나는 의심하지 않을 수 없다. 그렇다고 페미니즘 자체가 트랜스혐오적이라는 뜻이 아니다. 페미니즘 이론은 트랜스젠더퀴어 이론을 전개함에 있어 매우 중요한 토대다. 나의 글은 페미니즘 인식론에서 전개되고 있으며 트랜스페미니즘을 모색하는 작업의 일환이다. 바로 그렇기에 나는 집요하게 의심한다.

임옥희의 논의에서 또 하나 짚을 점이 있다. 김정란은 성전환 수술 혹은 트랜스젠더의 체화를 "인공적" 수술이라고 했고, 이경은 성전환 수술을 "삭제와 수정이 얼마든지 가능한" 가벼운 것이자, "반인륜적"이고 "절실함을 드러내기보다는, 저쯤 되어야 성전환의 보람이 있을 수 있"는 것이라고 주장했다. 임옥희는 "훼손"이 아니라면 "이상적인 체현으로서의 완벽한 여성으로 귀환"이라고 했다. 그들에게 트랜스젠더퀴어의 체화, 몸 경험은 태어났을 때 지정받은 몸을 인공적이고 반인륜적으로 훼손하는 것이거나, 여성성을 완벽하게 체현하는 몸에 불과하다. 이들 모두 비트랜스여성의 몸을 논할 때는 상당히 섬세하고 조밀하게 분석하지만 트랜스젠더퀴어의 몸과 체화를 논할 때만은 그런 태도를 버리고 극도로 단순하게 접근한다.

트랜스젠더퀴어의 체화와 관련해서 바비 노블은 몸을 토대가 아니라 아카이브로 접근할 것을 주장한다.

나는 한 트랜스남성이 그의 예전 가슴과 관련해 "더욱더 나 자신처럼 느끼기 위해서 나 자신의 일부를 잘라내야 하는 역설이다"라고 말한 것을 기억한다. 이 말은 이전보다도 더욱더 오늘 이 가슴을 가로지르며 고통스럽게 각인된다. 그러나 실수는 하지 말자. 이것은 토대가 아니라 아카이브로서 몸이다. 이것은 내가 언제나 알고 있듯 같은 가슴, 같은 몸, 같은 살이다. 단지 그 텍스트는 완전히 다르다.[29]

몸은 토대가 아니라 아카이브라는 노블의 지적은 정확하게 트랜스젠더퀴어의 몸을 역사이자 역사적 집적으로 독해해야 한다는 빼어난 성찰을 보여준다. 의료적 조치를 하고 성전환 수술을 한다고 해도, 트랜스젠더퀴어의 몸은 수술하기 전이나 후나 같은 몸이다. 하지만 완전히 같은 몸은 아니다. 수술을 통해 그 몸은 이전과 같을 수 없는 몸/텍스트로 변했다. 수술 이전의 역사, 수술 과정의 역사, 수술 이후의 역사가 집적되어 있기 때문이다.

이경은 mtf/트랜스여성 하리수와 인어공주를 비교하며 "허리 아래를 문제 삼으며 시작된 문제의 출발점 또한 흡사하다"[30]고 가

---

29 Bobby Nobble, "Our Bodies Are Not Ourselves: Tranny Guys and the Racialized Class Politics of Embodiment," *Trans/Forming Feminisms: Trans-Feminist Voices Speak Out*, Ed. Krista Scott-Dixon, Sumach Press, 2006, p. 101.

30 이경, 앞의 글, 111~112쪽.

벼운 농담처럼, 트랜스젠더퀴어의 모든 것이 성기로 수렴되는 문제처럼 설명한다(이때 '자연으로 주어진 섹스로 귀환'하는 사람은 누구인가?). 하지만 '허리 아래의 문제'마저도 간단하지 않으며, 이 '문제'는 트랜스젠더퀴어의 체화를 매우 복잡하게 만든다. ftm[31]/트랜스 남성인 노블은 트랜스젠더퀴어의 몸과 체화가 복잡하게 작동하는 방식을 다음과 같이 설명했다.

> 기표로서 내 몸은 이것을 한다. 옷을 입었건 입지 않았건 허리 위에서 나는 백인 남성 가슴을 전시한다. 허리 아래에서 벌거벗은 내 몸은, 나 자신은 그렇게 이해하지 않는다고 해도 관습적으로 여자 몸으로 읽힌다. 허리 아래에서 옷을 입은 내 몸은 백인성과 남성성의 성공적 기표를 전시하고, 나는 단지 사내다.[32]

트랜스젠더퀴어는 단순히 '허리 아래'의 문제가 아니며 '허리 아래'의 문제라고 해도 이것은 몸 경험과 체화를 다층적으로 해석하지 않으면 결코 이해할 수 없는 것이다. 몸은 그렇게 단순한 것이 아니다. 몸은 역사, 해석, 인식, 기록, 삭제, 보존, 경험, 흔적 등이

---

31 female to male, 즉 여성에서 남성으로의 이행·전환을 의미.

32 Bobby Nobble, 앞의 글, p. 98.

집적된 아카이브다. 수술을 했다고 해서 트랜스젠더퀴어의 체화가 완전히 단절되지 않는다. 김정란은 하리수 씨의 목소리를 통해 "남성적 요소", "남성의 흔적"을 찾지만 이것은 하리수 혹은 트랜스젠더퀴어의 몸이 긴 역사를 축적한 아카이브라는 점을 알리는 흔적이다. 하리수는 데뷔 직후 한 방송에서 혼자 남성과 여성 듀엣곡을 불렀는데, 이것은 트랜스젠더퀴어의 몸이 갖는 복잡한 체화를 상징한다. 이것을 단순히 남성의 흔적 혹은 이경의 표현처럼 "왕년의 남자"로 독해하는 것은 트랜스젠더퀴어를 철저한 타자로 만들 뿐 아니라 태어날 때 지정받는 젠더 혹은 이른바 '생물학적 섹스'로 인간을 환원하는 사유다.

질문하자. 비트랜스 페미니스트의 트랜스 혐오는 트랜스젠더퀴어에게 무엇을 하는가? 아흐메드는 감정을 통해 형상하는 몸을 "'접촉 지대'인 아카이브 모델"로 사유할 것을 제안한다. 감정은 우리 몸에 본질적으로 내재하는 것이 아니라 관계를 통해 형상되는 것이며 조우와 접촉을 통해 그 형태가 드러난다. 비트랜스 페미니스트가 그들의 혐오를 통해 형상하려는 트랜스젠더퀴어의 몸은 끊임없이 '왕년의 모습'을 환기시키는 것이자, 여성 억압의 최전선에서 여성성을 강압하도록 "행동 강령 역할"[33]을 하는 모습이다. 슬프

---

33   이경, 앞의 글, 107쪽.

게도 이것이 비트랜스 페미니스트가 트랜스젠더퀴어, 특히 mtf/트랜스여성을 조우하는 순간에 구성한 '접촉 지대'의 형상이자 혐오로 형상한 표면이다.

다른 한편, 범주 자체를 부정하는 일은 성적 지향/성적 선호에 따라서도 발생한다. 어떤 성적 지향 범주는 아예 논의의 대상으로 언급되지 않으며, 어떤 범주는 혐오의 대상이 되고 어떤 범주는 거기에 더해 부인과 부정의 대상이 된다. 구체적으로 말해 이성애는 성적 지향의 하나지만 성적 지향이 아니라 자연스러운 현상으로 논의되는 경향이 강하다. 그래서 이성애는 인권헌장에서 보호할 대상이 아니다. 애당초 성적 지향이 아니라 인간의 자연스러운 실천으로 독해되기 때문이다. 한국의 많은 이성애자 비트랜스 페미니스트가 이성애의 구성이나 성격과 관련한 논의를 하지 않는 이유, 한국에서 이성애의 성격을 조밀하고 치밀하게 논하는 논의가 극히 드문 이유가 이런 태도와 관련은 없는지 의심할 필요가 있다. 이성애 규범이나 이성애 제도를 언급한다고 해도, 이로 인해 여성이 억압을 받는다는 정도이거나 이경처럼 트랜스젠더의 가해로 뒤집는 경우도 발생한다.

이성애 중심주의, 성인중심주의, 생식중심의 성genital sexuality만이 보편적이고 나머지의 성들은 모두 병리적, 신경증적, 변태적, 퇴폐적, 범죄적

이라는 일련의 철석같은 신념들을 하리수는 몸을 바꾸어가며 엄호하고 있는 셈이다.[34]

이경의 이런 태도는, 임옥희가 비트랜스 페미니즘의 한계를 트랜스젠더퀴어에게 덮어씌웠듯, 이성애 중심주의, 이성애 규범성, 그리고 이성애 제도의 문제를 트랜스젠더퀴어에게 떠넘기면서 암묵적으로 이성애자-비트랜스젠더에게 면죄부를 발급한다. 혹여 면죄부는 아니라고 해도 트랜스젠더퀴어를 주범 삼음으로써 이성애자를 용의선상에서 지운다. 이성애자가 아니라 트랜스젠더퀴어가 혹은 이성애를 모방하려는 다른 누군가가 이성애 제도를 유지한다는 것이다. 그리하여 이성애의 복잡한 양상은 삭제되고 이성애는 자연질서로 안전하게 보존되며 이성애를 체화하고 살아가는 이성애자의 정치적 책임은 비가시화된다.

이성애와 달리 동성애는 현재 특정 집단을 중심으로 하는 혐오의 주요 표적이 되고 있다. 실질적으론 LGBT/퀴어 전체를 혐오하지만 동성애를 대표로 호명하고 있고, 동성애는 혐오의 주요 표적이 되고 있다. 특히 2007년 이후론 종교적 신념에 따른 혐오 세력이 정치권과 결탁하거나 경찰과 결탁하면서 동성애(로 대표 재현되

---

34 이경, 앞의 글, 107쪽.

는) 혐오의 양상은 더욱 대항하기가 어려운 상황이다. 이들 혐오 세력은 동성애자의 인권이 동성애를 이탈해 이성애자가 될 때 이루어진다며 '전환 치료'를 적극 주장하고 관련 포럼을 국가인권위원회나 국회 등에서 연속으로 개최하고 있다. 물론 국내의 많은 활동가와 단체는 이들의 행태를 강하게 비판하고 있고 국외의 여러 단체 역시 이들 혐오 세력의 행태를 비판하는 문서를 발표하고 있다. 그리고 이런 비판은 동성애가 타고나서 변할 수 없다는 인식과 함께한다. 동성애는 타고난다는 설명은 동성애가 전환 치료의 대상일 수 없음을 논하는 데 중요한 논거로 작동하고 있으며, 동성애 정체성이 변할 수 있거나 전환될 수 있다는 사고방식은 동성애 혐오 발화로 독해된다. 이런 방식의 논의에 동의를 하건 하지 않건 혐오 폭력과 혐오 발화를 비판하는 작업 자체는 무척 중요하다. 현재 한국에서 동성애를 혐오하는 수위가 상당히 위험한 수준이며 또 위협적이란 점에서 대항 작업을 진행하는 것은 긴요하고 긴박한 작업이다. 하지만 여기에 바이섹슈얼이 개입되면 논의는 좀 복잡해진다.

2014년 9월 23일, 1973년 설립한 전미LGBTQ태스크포스 (National LGBTQ Task Force, 2014년 9월 당시 전미게이레즈비언태스크포스 National Gay and Lesbian Task Force)의 블로그에 "바이와는 작별을, 퀴어와 반가운 인사를"[35]이라는 글이 올라왔다. 그 글은 전미게이레즈비언태스크포스(나는 당시 명칭을 사용할 것이다)의 리더십 프로그램 팀장이자 글을 작성하기 전까지 자신을 바이섹슈얼로 설명한 에반젤린 와이스가 작성했다. E. 와이스는 바이섹슈얼이란 용어가 '바이', 즉 둘이란 표현을 통해서 확인할 수 있듯, 이분법을 밑절미 삼고 있으며, 이것은 트랜스젠더와 젠더퀴어를 배제하기에 자신은 더 이상 바이섹슈얼이란 용어를 사용하지 않겠다는 내용이었다. 바이섹슈얼과 관련한 복잡한 논의의 역사를 모르는 상황에서 E. 와이스의 글은 지금까지 자신을 설명하기 위해 사용한 용어가 아닌 다른 용어를 사용하겠다고 알리는 내용에 불과할 수 있다. 하지만 이 글은 바이 혐오를 표출하는 많은 글의 반복이다.

E. 와이스의 글은 미국의 바이섹슈얼 주간에 공개되었다. 바이섹슈얼 기념일에 바이섹슈얼이라는 용어가 배제와 억압을 상징한다며 그 용어와 작별하겠다는 글을, 그것도 전미게이레즈비언태스크포스 공식 블로그에 공개했다. 바이섹슈얼을 부정하는 글을 동성애 중심으로 활동하는 단체의 공식 블로그에 게재했다는 것은 무엇을 의미할까? 현재 미국의 주류 미디어에 동성애를 혐오하거나 동성애 정체성 자체를 부정하고 부인하는 글을 쓰기란 거의 불

---

35 Evangeline Weiss, "Bye Bye Bi, Hello Queer," National Gay and Lesbian Task Force Blog, 2014. 9. 23.

가능하다. 만약 그런 글을 출판한다면 해당 미디어와 저자는 혐오 발화로 심각한 규탄을 받을 것이며, 때때로 저자는 자신의 직책에서 사퇴해야 할지도 모른다. 보수 기독교를 표방하고 LGBT/퀴어 혐오를 단체 목표로 삼는 곳이 아닌 이상, 동성애를 공공연히 혐오하는 글은 주류 미디어에서 출판되기가 무척 어렵다.

하지만 바이섹슈얼의 경우는 이야기가 좀 다르다. 지금도 미국의 주요 미디어에선 바이섹슈얼을 혐오하거나 범주 자체를 부정하는 글이, 그것도 동성애자가 필자인 글이 종종 출판된다. 많은 바이섹슈얼 단체가 항의를 해도 이런 글은 여전히 출판된다. 전미 게이레즈비언태스크포스에서 바이섹슈얼 범주를 부정하는 글이 바이섹슈얼 기념일에 출판된 것은 정확하게 이런 흐름에 위치한다. 태스크포스 관계자 중 한 명은 작가 엘리엘 크루즈와의 인터뷰에서 E. 와이스의 글은 다양한 의견 중 하나로 출판되었다고 말했다.[36] 하지만 바이섹슈얼 트랜스젠더 활동가 오드 테이허Aud Taher는 "태스크포스는 게이와 레즈비언 정체성을 삭제하거나 동성애를 혐오하는 글은 결코 출판하지 않는다"고 분명하게 지적했다. 동성애 범주를 삭제하거나 혐오하는 것은 하나의 의견일 수 없지만 바이

---

36 Eliel Cruz, "Op-ed: Why the Task Force Still Owes Bisexuals an Apology," Advocate.com, 2014.10.13.

혐오는 그럴 수 있다는 뜻이다. 이런 인식론적 차이는 현재 양성애와 동성애가 전혀 다르게 이해되고 있음을 분명하게 드러낸다.

E. 와이스의 글에서 논란이 된 또 다른 이슈 중 하나는 양성애를 정의하는 부분이다. E. 와이스는 "양성애는 이분법의 바이/양을 포함하고", "'양성애'가 젠더 이분법을 재강화하고 물화하기에 이제는 그 단어를 사용할 수 없다"고 말했다. 양성애의 '바이/양'은 사전적으로 둘을 의미한다. 따라서 양성애는 이분법을 밑절미 삼기에 트랜스젠더, 젠더퀴어 혹은 이와는 또 다른 식으로 자신을 표현하고 실천하는 이들을 배제하고 삭제한다는 주장이다. E. 와이스의 주장은 많은 이가 바이섹슈얼을 혐오하는 근거로 이미 사용해온 것이라 그 자체로 새롭지는 않다. 문제는 이런 태도가 양성애 운동의 역사, 그러니까 많은 바이섹슈얼 활동가의 목소리와 논의를 무시한다는 점에서 심각하다.

1990년대 초부터 양성애 단체와 활동가, 개개인은 '바이/양'의 의미가 남성과 여성으로 제한되는 것이 아님을 설명했다. 크루즈가 지적했듯 "접두사 바이/양은 남자와 여자를 의미하지 않는다". 바이섹슈얼리소스센터가 설명하듯 "'바이섹슈얼'에서 '바이/양'은 남자와 여자를 지칭하는 것이 아니라 우리 자신과 같은 젠더에 끌림과 우리 자신과 다른 젠더에 끌림을 지칭한다".[37] 《바이모임, 바이섹슈얼(양성애) 웹진》의 이브리는 바이섹슈얼을 여성과 남성으로만 제약하고 이 두 젠더와의 관계로 환원하는 태도가 오히려 바이섹슈얼의 삶을 불가능하게 만든다고 지적했다.[38] 바이/양은 (비트랜스)여성과 (비트랜스)남성만을 지칭한다는 해석이야말로 이원 젠더 규범에 포섭된 방식의 이해다. E. 와이스는 억압적이라고 비난했지만, 크루즈는 양성애가 매우 급진적인 정치학이라고 지적한다. "양성애는 종종 동성애보다 더 이성애 규범적 서사를 위협하는데, 그것은 이분법의 개념을 파괴하기 때문이다. 인간 섹슈얼리티는 한 젠더와만 낭만적으로, 성적으로 끌리기보다 더욱 복잡한 양식으로 작동한다." 이성애와 동성애는 한 사람이 일평생을 오직 한 종류의 젠더와만 낭만적, 성적 관계를 맺을 것을 가정한다. 하지만 양성애는 이런 가정에 부합하지 않으며 낭만적, 성적 관계가 배타적으로 어느 한 젠더와만 이루어지는 것이 '자연 질서'가 아니라 사회적 금기이자 규범이란 점을 강하게 주장한다. 이 측면은 바이섹슈얼이 동성애 커뮤니티에서 배제되는 근거이기도 하다.

미국 동성애 커뮤니티에서의 트랜스 혐오와 바이 혐오를 논한 J. 와이스는 동성애 커뮤니티에서 바이섹슈얼이 배제되는 두 가

---

37 Bisexual Resource Center, "Way Beyond the Binary," www.biresource.net/waybeyondthebinary.shtml

38 이브리, 「바이섹슈얼을 위한 나쁜 가짜 커밍아웃 가이드 2」,《바이모임. 바이섹슈얼(양성애) 웹진》1, 2014, bimoim.tistory.com/5

지 중요한 순간을 포착한다. 하나는 성적 선호라는 용어 대신 성적 지향이라는 용어의 채택이다. 두 용어 모두 양성애, 동성애, 무성애, 이성애 등을 지칭할 때 사용하는 용어지만 그 의미는 다르다. 성적 선호가 "섹슈얼리티를 선택의 문제로 인식"한다면 성적 지향은 자신의 의지와 상관없이 어떤 "특정한 성적 방향으로 지향하는 것을 함의"한다.[39] 간단하게 설명하면 성적 선호가 자신의 섹슈얼리티를 선택한다는 의미라면 성적 지향은 자신의 섹슈얼리티가 자신의 의지와 무관하게 주어지는 것(때때로 '타고나는 것')이란 의미다. 그리하여 성적 선호가 사회적 규범에 제한되지 않고 자신의 섹슈얼리티를 탐험하고 선택할 수 있는 권리를 함의한다면 성적 지향은 자신의 섹슈얼리티가 타고나거나 매우 어릴 때부터 고정되어 변하지 않음을 함의한다.[40] 오늘날의 대다수 논의는 성적 지향을 채택해서 사용하고 있다. 성적 선호와 성적 지향의 의미를 구분하는 J. 와이스는 이것이 단순한 용어 선택의 문제가 아니라 정치적인 문제라고 지적한다. 성적 선호란 용어를 사용할 때 바이섹슈얼의 삶은 재현될 수 있지만, 성적 지향이란 용어에서 양성애는 "지향의 실패이거나 이중 지향, 혼란, 난교/난잡, 혹은 우유부단의 산물"[41]로 독해

---

39 Jillian Todd Weiss, 앞의 글, p. 33.

40 Jillian Todd Weiss, 앞의 글, p. 43.

된다. 성적 지향은 일평생 단 하나의 젠더만을 성적, 낭만적 대상으로 삼을 것을 규정하는데 바이섹슈얼은 이런 규정에 부합하지 않는다. 그리하여 성적 지향에서 바이섹슈얼은 "병리적 상태"[42]로 취급된다.

　　J. 와이스가 지적하는 또 다른 순간은 1970년대 게이와 레즈비언 운동의 분리를 꼽는다. 1969년 스톤월 항쟁[43]이 백인 동성애자 운동으로 전유된 이후, 1970년대 미국의 게이 레즈비언 운동은 게이 운동과 레즈비언 운동 혹은 레즈비언 페미니즘 운동으로 분리되는 경향이 나타났다. 이원 젠더화된 분리는 게이가 남성의 이해를, 레즈비언이 여성의 이해를 반영한다고 가정했다. 그런데 성적, 낭만적 파트너를 욕망할 때 배타적으로 남성 혹은 여성으로 구분하지 않으며, '남성'과 '여성' 모두를 포괄하는 바이섹슈얼은 이원 젠더화된 도식적 구분에서 문제가 되었다. 특히 분리주의 운동을 표방한 레즈비언 페미니스트에게 바이섹슈얼 여성은 남성, 즉 가부장제와의 관계를 끊지 못한 존재로 인식되었고, 이런 이유로 분

41　Jillian Todd Weiss, 앞의 글, p. 33.

42　Jillian Todd Weiss, 앞의 글, p. 44.

43　1969년 6월 28일 미국 뉴욕에 위치한 술집 '스톤월 인'에서 성소수자들이 경찰의 단속에 대항해 집단적으로 항거한 사건.

리주의 공간에 '남성'을 끌어들일 잠재성이 있는 존재, 즉 정치학이라곤 없는(정치학을 공유할 수 없는) 존재로 형상되었다. 이런 부당한 이해는 바이섹슈얼을 어디서도 환영받지 못하는 존재로 만들었다. 이원 젠더로 분리된 운동에서 바이섹슈얼은 자신의 삶에 관해 침묵해야 하거나 커뮤니티를 떠나야 했다.

그런데 운동을 이원 젠더로, 젠더 이분법으로 구분하는 방식은 이경 등의 논의에서 알 수 있듯 트랜스젠더퀴어를 추방하거나 혐오할 근거이기도 했다. 공동체에 헌신한 많은 트랜스젠더퀴어와 바이섹슈얼이 젠더 이분법으로 나뉜 운동 방식에서 골칫거리이자 배제의 대상으로 표상되었다. 바이 혐오와 트랜스 혐오의 근거가 상당히 겹친다는 점은 바이섹슈얼 이슈와 트랜스젠더퀴어 이슈를 함께 말해야 함을 의미한다. 하지만 태스크포스에 글을 썼던 E. 와이스는 게이, 레즈비언이 트랜스젠더퀴어와 바이섹슈얼을 배제하고 혐오했던 역사를 은폐하고, 양성애라는 용어를 오독하며, 바이섹슈얼이 트랜스젠더퀴어를 배제하는 것처럼 호도했다. 더 정확하게 말해서 양성애는 범주 용어 자체가 이분법이라 트랜스젠더퀴어 등을 배제하지만 다른 범주는 배제를 한 적 없는 것만 같은 착시를 재생산했다. 이브리가 지적했듯 바이섹슈얼의 진정성을 따지고, 바이/양을 규범 삼고 판단 근거 삼는 이들은 바이섹슈얼이 아닌 다른 이들임에도 말이다.

한국에서 바이섹슈얼은 잘못된 성적 지향, 미숙함 등으로 인식되거나 성적 소수자가 아닌 존재로 이해된다. 많은 바이섹슈얼-폴리아모리(다자연애자)가 박쥐, 연애를 시작하는 순간부터 배신을 예정한 존재, '문란'한 존재, 어쨌거나 이성애 결혼을 할 사람으로 인식되고 있다.[44] 일평생에 걸쳐 배타적으로 한 젠더만을 일관되게 만나지 않는다는 점은 바이섹슈얼을 의심하고 부정할 강력한 근거로 작동한다. 이런 혐오를 직접 표현한 기사가 2004년 《여성주의 저널 일다》에 게재되었다. 그곳에 동성애를 혐오하거나 부정하는 기사는 실리지 않지만 바이섹슈얼을 혐오하거나 부정하는 기사는 실렸다는 점 역시 (앞서 지적했듯) 기억해야 할 부분이다.

기고 형식으로 게재된 서현의 글 "레즈비언과 바이섹슈얼의 거리감"[45]은 바이섹슈얼이 어쨌거나 이성애의 가능성이 있고 실제 이성애 경험이 있으며 언젠가 이성애를 할 것이기에 억압을 인지하는 정도가 레즈비언과 결코 같을 수 없다는 논조를 펴고 있다. 서현은 바이섹슈얼이 "이성애자와 동성애자 사이를 필요에 따라 오가는 박쥐 같은 존재"라며 이성애와 동성애를 선택적으로 실천한

44　《바이모임. 바이섹슈얼(양성애) 웹진》 1호 「커밍아웃」 특집에 실린 강랑, 이브리, 잇을, 주누 글 참고. bimoim.tistory.com/15

45　서현, "레즈비언과 바이섹슈얼의 거리감", 《여성주의 저널 일다》, 2004.11.7. www.ildaro.com/sub_read.html?uid=1868

다고 비난한다. 즉 바이섹슈얼은 그 자체로 하나의 정체성/범주가 아니라 이성애와 동성애 사이에서 왔다 갔다 하는 존재라는 뜻이다. 이것은 바이섹슈얼의 실존을 부정하고 삭제하는 언설로 바이섹슈얼의 연애를 양성애 연애로 독해하지 않고 이성애 연애 아니면 동성애 연애로 환원한다.

양성애 연애의 부정은 바이섹슈얼의 일상 경험이다. 바이섹슈얼이 동성으로 통하는 사람과 연애를 하면 그 연애는 동성 간 연애가 아니라 동성애로 독해되고, 이성으로 통하는 사람과 연애를 하면 그 연애는 이성 간 연애가 아니라 이성애로 독해된다. 개인의 역사를 삭제하는 방식으로, 오직 지금 현재의 단편적인 찰나의 조우만으로 개인의 성적 지향/성적 선호를 파악할 수 있다고 믿는 사회에서 바이섹슈얼의 성적 실천은 영원히 가시성을 얻지 못한다. J. 와이스가 지적하듯 개인의 "섹슈얼리티를 외모나 파트너의 젠더로 정체화할 수 있다"[46]는 강고한 믿음과 밀접하다. 이 사회는 바이섹슈얼의 성적 실천을 인지하길 거부하면서, 이성애 아니면 동성애로 환원해야만 인지할 수 있으면서, 그런 인식론적 한계를 비판하거나 반성하기보다는 바이섹슈얼이 "박쥐"라며 비난한다.

더구나 바이섹슈얼이 서현의 주장대로 "아웃팅이란 극한 상

---

46 Jillian Todd Weiss, 앞의 글, p. 30.

황"에서는 이성애자연할 수 있고, "동성 애인을 만날 때"는 동성애자연할 수 있다는 점, 나아가 동성 간 연애를 할 때는 조용히 있다가 "이반 바닥을 떠날 때쯤 딴 사람이 된 것처럼 행동"(서현의 글에 달린 댓글)한다는 점에서 바이섹슈얼은, 트랜스젠더가 그러하듯, 사기꾼 혹은 기만자로 비난받는다. 본인의 역사적 경험으로 삶이나 외모, 성적 실천이 이해되는 것이 아니라 타인의 가치 판단, 평가, 편견으로 삶, 외모, 성적 실천이 독해될 때 바이섹슈얼과 트랜스젠더는 모두 사기꾼, 기만자가 된다. 비록 서현이 바이섹슈얼의 존재 자체를 부정하지는 않지만, 서현에게 양성애라는 성적 실천은 존재하지 않는다. 성적 지향이란 용어가 명시하듯, 성적 대상은 일관성을 유지해야 하며 이런 일관성을 유지하는 데 '실패'하는 성적 실천은 성숙한 두 성적 지향 사이에서 방황할 뿐이다. 문제는 인간 섹슈얼리티를 이성애 아니면 동성애라는 양자택일 구조로 구축하며 이성애와 함께 동성애를 안정화시키려는 기획이다. 이 기획은 동성애가 생득, 즉 타고나서 변할 수 없는 것이라고 주장하는 일련의 언설과 강하게 공명한다. 이 기획에 부합하지 않는 바이섹슈얼은 추방되어야 하거나 배제되고 누락되어야 한다.

바이섹슈얼을 누락하고 부정하려는 태도는 동성애자를 부정하고 탈동성애=이성애 되기를 인권이라고 주장하는 보수 기독교 연하는 집단과 얼마나 다를까? 이 질문에 많은 동성애자가 분개하겠지만 화를 내기 전에 진지하게 고민할 필요가 있다. 레즈비언의 바이 혐오는 단순히 서현의 글에서 그치지 않는다. 직접 인용할 순 없지만 이른바 여성 전용 커뮤니티, 혹은 레즈비언 커뮤니티의 익명게시판에선 수시로 바이섹슈얼 여성을 비난하고 혐오하는 글이 올라온다. 익명 게시판에서 혐오를 드러내기에, 바이섹슈얼을 혐오하는 사람이 보수 기독교를 표방하는 혐오 집단에 분노하는 사람과 동일인인지는 확인하기 어렵다. 하지만 질문을 할 수는 있다. 자신을 동성애자라고 설명하며 바이 혐오를 하나의 정당한 의견이라고 주장하는 이들의 태도가 예수와 성경을 빌미 삼아 동성애, 특히 게이 남성을 혐오하고 이를 정당한 정치적 의사라고 주장하는 이들의 태도와 얼마나 다를까? 차이라면 후자와는 연대를 할 일이 별로 없기에 분명한 적대 전선을 구축할 수 있지만(해당 교회에 다니지 않을 경우로 제한된다. 해당 교회에 다니는 신자라면 이것은 더 복잡한 양상을 만든다) 전자와는 끊임없이 연대를 (해야)한다는 점이다. 이럴 때 혐오란 무엇인가? 도대체 혐오는 무엇을 하는가? 혐오는 결코 자명하지 않고 분명하게 설명할 수 있는 것이 아니다. 메이슨의 말을 빌리자면, 혐오는 정말로 방황하고 갈팡질팡한다.

다시 질문하자. 동성애자의 바이 혐오는 바이섹슈얼에게 무엇을 하는가? 바이 혐오는 바이섹슈얼의 실존 자체를 지우고 부정하며 바이섹슈얼을 이 세상에 존재하지 않고 존재할 수 없는 몸으로 만든다. 바이섹슈얼은 신뢰를 주기 위해서 언젠가 무언가가 되어야 한다. 동시에 이 혐오는 이성애를 '자연 질서'로, 동성애를 성적 지향으로 배치하며, 일평생 단 하나의 젠더와만 배타적으로 연애 관계를 맺어야 한다는 모노섹슈얼/모노가미 규범을 자연화한다. 이것이 동성애와 양성애가 혐오로 만날 때 형상하는 모습이다. 다른 말로 서현의 글은 혐오 발화일 수도 있지만 혐오로 읽어낸 바이섹슈얼 형상이자, 레즈비언의 바이섹슈얼 판타지다. 혐오는 우리가 세상/타인과 조우하는 형식이자 그 내용이다. 쉽게 적대할 수도, 쉽게 동맹할 수도 없는 어떤 복잡한 감정을 생산한다. 즉 혐오는 그 자체로 하나의 감정이자 또 다른 감정을 생산하는 장치다.

폭력의 예감

인터넷의 한 게시판에 레즈비언 mtf/트랜스여성이 얼른 수술을 하고 여성으로 통하고 싶다는 글을 올렸다. 의료적 조치를 하지 않은 지금은 남자로 통하고 있어서 좋아하는 사람에게 고백하기가 너무 어렵고 종종 두렵다고 했다. 그 글에 많은 사람이 위로와 지지의 댓글을 남겼다. 하지만 한 명의 사용자(임시 아이디: UDY)가 원글 게시자에게 다음의 댓글을 남겼다.

너는 정말 여자가 되고 싶구나. 그런데 이건 새겨듣는 게 좋아. 니가 여자가 된다면 맞닥뜨려야 될 현실이 바로 이거야. 니가 혹시 여자의 삶에 대한 환상을 가지고 있을까 봐. 여자로 사는 게 그리 좋은 일은 아니라는 거, 때로 정말 거지 같고 화난다는 거 말하고 싶다.

그럼 니가 말하는 여성성은 뭔데? 너는 왜 여자가 되고 싶지?

그냥 화장하고 예쁜 옷이 입고 싶은 거야?

UDY의 댓글은 이것이 처음이 아니었다. 여성으로 사는 것이 그렇게 간단한 일인 줄 아느냐, 여성으로 사는 것은 많은 차별과 가사 노동에 시달리는 일이다, 여성으로 사는 것을 그렇게 가볍게 말하지 말라는 글을 몇 차례에 걸쳐 댓글로 남겼다. 원글 게시자가 여성으로 사는 삶이 가볍다고 표현한 적이 단 한 번도 없지만 UDY는 원글 게시자 mtf/트랜스여성이 여성의 삶을 가볍게 여긴다고 가정했다. 원글 게시자가 그렇지 않음을 여러 번 설명한 다음에야 위에 인용한 댓글을 남겼다. 그러니까 위에 인용한 댓글은 이미 여러 번 대화를 주고 받은 뒤에야 나온 반응이었다.

UDY와 같은 반응은 이경이 트랜스젠더 하리수 씨를 비난하며 했던 말이기도 하다.

그러나 하리수여! 여자가 되는 것은 예쁘고 섹시하게 성숙하여 남자를 사랑하고, 그의 아이를 낳고 키우며 가정을 꾸리는 것만으로 완성되는 것은 아니다. 여자가 되는 것은 이 땅의 소수자의 고통을 온몸으로 접수한다는 약속이며, 몸의 산 하나 넘어서 그대가 도착한 곳은 생의 절정인 것 같지만, 그곳은 세상의 모든 딸들의 출발 지점에 지나지 않는다.[47]

UDY처럼 이경 역시 mtf/트랜스여성에게 여성이 되는 것은 단순히 예쁜 옷을 입고 예쁘게 화장하는 것이 아니라고 조언한다. 덧붙여 트랜스젠더를 조롱하고 하리수 씨는 소수자가 아니라고 재단하는 이경은 "소수자의 고통을 온몸으로 접수"하는 것이 여성의 삶이라는 기만을 서슴지 않는다.

비트랜스젠더가 트랜스젠더퀴어에게 '조언' 혹은 '훈계'하는 시스플레인[48]은 mtf/트랜스여성이라면 익숙할 내용이다. 물론 mtf/

---

47 이경, 앞의 글, 110~111쪽.

48 맨스플레인은 레베카 솔닛 등이 사용하며 알려진 단어로 '남성(man)'과 '설명하다(explain)'를 결합한 것이다. '오빠가 설명해줄게' 정도로 요약할 수 있는데, 여성이 해당 분야의 전문가이건 아니건 상관없이 모든 이슈에서 남성이 여성을 무시하며 가르치려 드는 태도를 지칭한다. 시스플레인은 맨스플레인을 변형한 것으로 '시스젠더(cisgender, 비트랜스젠더의 다른 표현)'와 '설명하다(explain)'을 결합한 것이다. 내가 UDY의 게시글 내용을 설명하자 이브리가 이것을 시스플레인이라고 표현했다. 이 표현은 꽤나 정확한데 시스젠더 혹은 비트랜스젠더는 언제나 트랜스젠더퀴어에게 '진짜 젠더의 삶'을 알려주겠다며 가르치려 들기 때문이다. 물론 단순히 맨스플레인의 변종으로 시스플레인을 사용하기에는 중요한 차이가 있다. 맨스플레인에서 남성은 여성의 젠더 범주를 강하게 확증하는데, 상대 여성이 여성 젠더일 때만 맨스플레인이 가능하기 때문이다. 즉 맨스플레인은 상대방을 여성으로 만드는 행위

트랜스여성과 비트랜스여성이 이원 젠더화된 방식으로 양육되는 과정은 전혀 다르다. mtf/트랜스여성은 본인의 의지와 상관없이 남성 되기 과정에 투입되면서 남성적 체화를 어느 정도 하게 마련이다. 그러니 자신이 원하는 젠더로 다시 살아가는 과정은 낯선 것이며 원하는 젠더를 체화하는 데 시간이 필요하다. 그 과정에서 '여성'으로 통한다는 것이 어떤 의미인지를 새롭게 배운다. 하지만 시스플레인은 mtf/트랜스여성이 '여성'으로 살고자 할 때 그 열망을 허황된 낭만, 착각, 환상으로 취급한다. 자신이 원하지 않는 삶을 살도록 강요받고 있는 상황에서 자신이 원하는 삶을 요구하는 언설을 두고 '너는 현실을 몰라, 환상에 빠져 있어'라고 말하는 것은 적절한 것일까? 예를 들어 한국에서 살고 있는 미등록 이주민이 한국의 시민권을 받고자 노력하고 있을 때, 그에게 '한국사회가 얼마나 더럽고 문제가 많은지 알아? 너 혹시 한국에서 사는 것이 드라마에 나오는 것처럼 그렇게 사는 거라고 착각하는 것 아냐?'라고 말하는 것이 가당한 반응일까? 한국사회가 인간에게 가하는 폭력

며 성역할의 반복이자 재확인이다. 시스플레인에서 비트랜스젠더는 트랜스젠더퀴어가 자신의 젠더 범주를 환상이나 착각으로 여기는 것은 아닌지 의심하며, 범주 인식 자체를 부정하려 든다. 시스플레인 자체는 상대가 트랜스젠더퀴어임을 인식하고 그것을 어느 정도 받아들이는 몸짓이지만, 그 과정은 트랜스젠더퀴어 범주를 지속적으로 의심한다. 정확하게 이런 이유로 시스플레인은 이원 젠더 규범을 강화하고 단속하고 자연화할 뿐 아니라 성역할 반복을 요구하고 재확인한다.

이 어떤 모습인지는 선주민보다는 이주민이, 그리고 미등록 이주민이 더 잘 체화하고 있다. 하지만 이런 식의 반응에 어떤 문제가 있는지 잘 알 법한 사람도 트랜스젠더퀴어에게는 시스플레인을 곧잘 한다.

한 mtf/트랜스여성이 호르몬 투여를 시작하고 얼마 안 지나 다소 '모호'한 외모, 트랜스젠더로 통할 법한 외모로 변했을 때, 트랜스혐오로 성폭력 피해를 겪을 뻔했다. 그리고 호르몬 투여 기간이 길어지고 얼굴 성형을 하는 등 여성으로 통하면서 또 한 번 성폭력 피해를 겪을 뻔했다. 이 가슴 아프고 힘든 사건은 그 mtf/트랜스여성에게 큰 상처였고 mtf/트랜스여성으로 혹은 여성으로 사는 것이 무엇인지를 질문하도록 했다. 그런데 슬프게도 많은 mtf/트랜스여성이 살아가며 이와 유사한 일을 겪는다. 나아가 트랜스젠더퀴어에게 성폭력 피해 가능성은 mtf/트랜스여성이 여성으로 통할 때만 발생하는 것이 아니라, mtf/트랜스여성이건 ftm/트랜스남성이건 트랜스젠더퀴어로 통하거나 커밍아웃할 때면 발생할 수 있는 혐오 폭력 중 하나다. 성폭력이 혐오 폭력으로, 혐오 폭력이 성폭력으로 변형되기도 하지만 둘은 동시적 사건이기 때문이다.

mtf/트랜스여성이 '여성'으로 사는 삶의 어려움을 모른다는 것은 정확하게 무슨 뜻일까? 무엇이 여성으로 사는 삶의 판타지라는 것일까? mtf/트랜스여성도 성폭력 피해를 겪으니 여성의 삶을 안다고 말하는 것이 아니다. 이것은 함부로 안다 모른다고 판단할 영역이 아니다. 그렇게 쉽게 재단할 수 없다. 그럼에도 시스플레인을 하며 mtf/트랜스여성은 여성으로 사는 삶에 환상을 갖고 있다고 말한다면 이것은 비트랜스젠더로 살아가며 어떤 이원 젠더 권력을 실천하는 행위가 아닌가? 시스플레인은 비트랜스젠더가 트랜스젠더퀴어에게 행사할 수 있는 이원 젠더화된 권력 행동 중 하나다. 트랜스젠더퀴어를 배제하는 (이원)젠더 정치에선 여성이 남성에 비해 정치적 약자이며 권력이 없다고 설명하는 경향이 있다. 물론 이것은 트랜스젠더퀴어를 사유하지 않기 때문에 가능한 기술이다. 트랜스젠더퀴어와 비트랜스젠더를 함께 사유할 때, 비트랜스여성은 mtf/트랜스여성에 비해 어떤 형태로건 이원 젠더 권력을 실천하고 있다. 때로는 mtf/트랜스여성을 향해 이원 젠더 권력과 폭력을 실천하며 자신의 권력과 규범성을 확인한다. 그렇다면 비트랜스여성이야말로 mtf/트랜스여성이 살며 겪는 어려움, 고단함, 폭력을 전혀 모르는 것 아닌가? 중요한 것은 알고 모르고의 문제가 아니다. 훈계할 수 있다는 권력감, 그리고 이를 통해 트랜스젠더퀴어 정체성의 진위를 가릴 수 있고 진위를 가려줘야 한다는 믿음을 실천할 수 있다는 권력 행위가 문제의 핵심이다. 계속해서 타자를 생산하는 방식으로 자신의 삶을 정당화하고 권력을 확인하는 태도, 그리고 이 태도로 구축되고 이 태도를 재생산하는 사회구조가 논의의 핵심이다.

비트랜스 페미니스트의 트랜스혐오, 특히 mtf/트랜스여성 하리수 씨가 여성 억압에 앞장선다는 비난이나 시스플레인은 분명 부당하고 부적절하다. 나는 이것을 강하게 비판하지만 트랜스젠더퀴어가 젠더 규범을 재생산하는 데 공모하지 않는다거나 젠더 규범에 무관하다고 말하는 것은 아니다. 그 반대다. 나는 트랜스젠더퀴어와 비트랜스젠더가 젠더 규범에 어떻게 연루되어 있는지를 고민해야 하고 이것이 젠더화된 삶을 어떻게 직조하는지를 살펴야 한다고 주장한다. 나는 이를 비판적으로 살피기 위해 아직은 낯선 단어 트랜스 규범성으로 트랜스젠더 커뮤니티 내외부의 규범성을 탐문하는 작업을 다른 글에서 하고 있다. mtf/트랜스여성 중 최대한 여성답게 행동하려 애쓰고, 여성성 규범을 적극 수용하는 이들은 분명 존재한다. 수술을 해야만 '진짜' 트랜스젠더가 될 수 있다는 인식이 트랜스젠더 커뮤니티에도 상당히 만연하다. 이런 목소리가 트랜스젠더 커뮤니티에서 강한 규범으로 기능하면서 일군의 트랜스젠더는 그 규범을 따르려 애쓰고, 일부는 비판적 입장에서 규범과 적절히 협상한다. 또 다른 일군의 트랜스젠더는 커뮤니티를 떠난다. 그러니 논의는 비트랜스 페미니스트가 트랜스젠더퀴어 존재 자체를 부정하는 방식이 아니라 이성애 규범성, 동성애 규범성과 함께 트랜스 규범성을 문제 삼는 방향으로 전개해야 한다. 동시에 트랜스젠더 커뮤니티에서의 규범적 목소리가 정확하게 어떤 의미인지도 살펴야 한다.

　오키나와 역사를 연구하는 도미야마 이치로는 그의 책 『폭력의 예감』에서 일본이 오키나와를 침략했을 당시 일본에 협조한 오키나와 지식인인 이하 후유의 작업을 탐문한다. 이하 후유는 일본이 오키나와를 침략하고 폐번치헌한 역사적 사건을 두고 "진화의 길", "노예해방"[49]이라고 표현했다. 이것은 침략을 긍정하고 침략자와 동일시하는 것으로 독해되기 쉬우며 오키나와인에게 이하 후유는 '민족의 배신자'로 명명될 수도 있다. 하지만 도미야마가 해석하기에 이하 후유를 '배신자'로 독해하는 것은 당시 이하가 처한 상황을 무시한 탈맥락적 독해다. 이하의 언어는 "점령지의 말"[50]이며, 동료 혹은 동류의 사람들이 폭력 피해로 상처를 입고 피를 흘리고 있거나 싸늘하게 식어가는 시체로 변해가고 있는 모습을 망막에 새기고 있는 자의 기술 행위다. 따라서 도미야마가 보기에 이하 후유의 언어 행위에서 가장 먼저 감지해야 하는 것은 친일, 혹은 민족 배신이 아니라 "살해당할지도 모른다는 절박감, 그리고 언어 행위를 통해서 폭력에서 벗어나고자 하는 극한의 기대감"[51]이다. 이

49　도미야마 이치로, 『폭력의 예감』, 손지연·김우자·송석원 옮김, 그린비, 2009, 152쪽.

50　도미야마 이치로, 위의 책, 161쪽.

하의 언어 행위는 '점령지의 피식민자가 하는 말'이며 폭력을 예감하는 언어 행위다. 이하 후유의 저술, 언어 행위에 깃들어 있는 것은 두려움이며, 두려움 혹은 폭력의 예감이 이하의 언어와 저술에 스며 있고, 그의 삶을 구축한다. 아흐메드 식으로 재독해하면, 이하 후유의 언어는 피식민자의 감정이 형상한 몸이며, 우리가 읽어야 하는 것은 '친일' 여부를 판단할 근거 찾기가 아니라 감정이 작동하는 방식이다.

도미야마가 이하 후유에게서 폭력의 예감을 독해하는 방식은 트랜스젠더퀴어가 왜 규범적 발화를 할 수밖에 없(었)는지를 가늠하도록 한다. mtf/트랜스여성 하리수 씨는 방송에서 규범에 부합하지 않는 경험부터 이성애-여성젠더 규범에 부합하는 경험과 욕망 등 다양한 이야기를 했다. 하리수 씨를 비난하는 이경, 김정란 등은 규범에 부합하는 발언에만 집중하고 있다. 그런데 나는 질문하고 싶다. 만약 하리수 씨가 방송에서 여성으로 사는 삶의 어려움을 이야기했다면 어떻게 되었을까? 머리를 빡빡 자르고 체인을 걸치고는 자신을 여성으로 설명했다면 또 어떻게 되었을까? 혹은 중성적 이미지를 내세웠다면 어땠을까? 하리수 씨가 여성으로 사는 삶의 어려움을 말했을 때 그 말은 '역시 여성으로 사는 삶은 어려워'로

---

51 도미야마 이치로, 앞의 책, 27쪽.

독해될까? 비트랜스여성이 여성으로 사는 삶의 어려움을 말한다면 그것은 여성 삶의 '보편적' 어려움으로 독해된다. mtf/트랜스여성이 여성으로 사는 삶의 어려움을 말한다면 이것은 '남자라서 별 수 없는 것'이거나 '여성으로 살아가기에 부적절함'으로 독해된다. '그럼 다시 남성으로 살지 왜 여성으로 사느냐' 혹은 '그것도 모르고 여성으로 살려고 하느냐 한심하다'며 시스플레인을 할 것이다. 즉, 본인이 주장하는 여성 젠더 범주 자체가 부인될 위험이 상당하다. 또한 트랜스젠더퀴어에게 허용된 삶의 어려움은 성전환 이후가 아니라 이전으로 제한되어야 한다. 성전환 전에는 원하지 않는 젠더로 인해 고통스럽지만 성전환 후에는 행복해야 한다. 성전환 이후의 어려움은 인간이 살아가며 겪는 어려움이 아니라 성전환의 부작용, 잘못된 선택으로 의심받기 쉽다.

마찬가지로 이성애 규범성에 부합하지 않는 발언이나 중성적 매력은 mtf/트랜스여성 하리수 씨를 여성으로 받아들이도록 하지 않는다. 기껏해야 여성스러운 남성으로 받아들여질 뿐이다. 지금도 하리수 씨와 관련한 기사에는 '리수형'이라는 댓글이 달리고 있다. 이 상황에서 하리수 씨가 미디어에서 할 수 있는 말은 무엇일까? 하리수 씨 혹은 트랜스젠더퀴어의 공적 언설에서 독해해야 하는 것은 그 언설을 둘러싸고 있는 혐오/폭력의 예감과 두려움이다. 이 감정이 하리수 씨를 비롯해 공적으로 발언하는 트랜스젠더퀴어의 외모와 언어 행위를 형상한다. 두려움이라는 감정은 발화할 수 있는 내용과 자제해야 하는 내용을 검열한다. 또한 적절한 트랜스젠더퀴어 혹은 트랜스젠더퀴어로 통할 법한 외모로 재현하기를 요구한다. 이 외모는 본인의 욕망과는 별개로 두려움이 형상한 트랜스젠더퀴어의 몸이기도 하다.

두려움과 폭력의 예감은 바이섹슈얼의 발화에서도 찾을 수 있다. 2013년 LGBT 인권포럼에서 바이섹슈얼이 직접 발언하는 자리가 열렸다. 정확하게는 동성애자/레즈비언이 바이섹슈얼을 앞에 앉혀두고 이것저것 질문하는 자리였다. 두 명의 바이섹슈얼 여성이 발화자로 초대받아 이야기를 했다. 그중 한 명은 이성 파트너와 결혼을 앞둔 상태였고, 바이섹슈얼 여성의 결혼이 어떻게 기존의 이성애자 간 결혼과 다를 수 있는지를 이야기했다. 그는 자신의 결혼이 피상적으로 이성애 결혼으로 오독되지만 이성애 결혼이 아니며, 아동 양육을 비롯한 규범적 결혼 생활에 균열을 야기하고 이성애 가족제도를 비이성애로 오염시킬 수 있음을 설명했다. 바이섹슈얼의 결혼 경험은 이성애자의 결혼 경험, 동성애자가 주장하는 결혼 희망과는 성격이 다르다. 그의 이야기는 결혼을 긍정하건 비판하건 상관없이 경청할 만한 내용이었다. 하지만 그 자리에 참가했던 청중 중 여러 명이 바이섹슈얼의 결혼 이야기에 분노하며 자리를 박차고 나갔다. 아울러 그 자리에 참가했던 사람 중 몇몇은 인터넷 게시판 등에 후기를 남겼는데, 결혼제도를 강하게 비판하는 동시에 바이섹슈얼은 역시 이성애 결혼 제도에 포섭되는 존재라며, 개인이 아니라 바이섹슈얼 전체를 향한 '불신'을 확인했다.

그로부터 몇 달 뒤 김조광수-김승환이 철저하게 이성애 규범적 방식으로 진행한 '당연한 결혼', 동성결혼쇼를 진행했을 때 분위기는 매우 달랐다. 둘의 결혼에 비판적 목소리는 소수에 불과했고 둘을 축하하고 부러워하는 목소리가 넘쳤다. 인권포럼에서 바이섹슈얼의 결혼을 비판하던 이들도 김조광수-김승환의 결혼에는 우호적으로 반응하며 축하 발언을 했다(직접 인용은 힘들지만 동일한 아이디를 사용하는 사람이 이런 다른 입장을 취했다). 두 게이 남성의 동성 결혼은 환영받고 부러움의 대상인 반면, 바이섹슈얼의 결혼은 비난과 혐오의 증거로 동원된 것이다. 이 상황에서 나는 이른바 LGBT/퀴어 커뮤니티에서 허용되는 결혼은 무엇인지를 질문하지 않을 수 없었다. 그 상상적/망상적 커뮤니티에서 가능한 결혼이 두 동성애자의 동성 결혼뿐이라면 이른바 LGBT/퀴어 커뮤니티의 적법한 구성원이 누구인지를 다시 고민해야 한다. 그리고 나는 인권포럼에서 결혼을 이야기한 바이섹슈얼의 언설을 둘러싸고 있었던 폭력을 새삼 깨달았다. 물론 이때 내가 예감한/감지한 폭력은 도미야마 이치로가 논하는 폭력의 예감과는 다소 다르다. 하지만 그 바이섹슈얼 여성은 바이섹슈얼을 향한 동성애자 커뮤니티의 비난과 혐오를 알고 있었다. 또한 동성애자 커뮤니티가 바이섹슈얼의 결혼에 상당히 부정적이란 것도 알고 있었다. 그럼에도 그는 동성애자 청중이 다수인 그곳에서 바이섹슈얼의 결혼과 그 결혼이 야기할 어떤 틈새를 이야기했다. 이 발언은 불편함, 적대, 혐오, 비난 속에서 그런 폭력을 예감하며 나온 것이다. 엄청난 폭력과 혐오가 바이섹슈얼의 발언 하나하나를 둘러싸고 있다.

트랜스젠더퀴어와 바이섹슈얼의 언설에는 언제나 두려움이 내재하고 폭력의 예감이 자리하고 있다. 하지만 언어 행위를 둘러싼 감정을 독해하지 못하고 피상적 독해를 하며 비난부터 하는 사회적 상황은 이들을 반복해서 문제 삼는다. 다시 질문하자. 시스플레인, 비트랜스 페미니스트의 트랜스 혐오, 동성애자의 바이 혐오는 각각 어떤 폭력을 예감하는 것일까? 비트랜스 페미니스트와 동성애자의 눈가에는 어떤 총구가 있기에 트랜스젠더퀴어를 혐오하고 바이섹슈얼을 혐오하는 "언어 행위를 통해서 폭력에서 벗어나고자 하는 극한의 기대감"[52]을 품는 것일까? 이 사회의 지독한 여성 혐오에서 조금이라도 벗어나기 위해? 혹은 여성 혐오와 동성애 혐오에 트랜스 혐오까지 중첩하고 싶지 않아서? 이성애처럼 동성애를 안정화시키기 위해서? 아마도 이 모든 것이 비트랜스 페미니

―
52 도미야마 이치로, 앞의 책, 27쪽.

스트와 동성애자의 혐오 발화에서 추론할 수 있는, 그들이 일상에서 겪는 폭력 상황일 것이다. 하지만 단순히 이렇게만 설명할 수는 없다. 도미야마가 감동적으로 논했듯 폭력의 예감은 훨씬 복잡한 구조를 사유하도록 한다. 마찬가지로 트랜스 혐오 발화, 바이 혐오 발화를 하는 순간에 등장하는 그 두려움, 폭력의 예감 역시 훨씬 더 정교한 사유를 요구한다. 내가 궁금한 것은 왜 혐오하는가가 아니라 혐오를 하는 순간에 나타나는 두려움이며, 두려움이라는 감정을 혐오라는 감정으로 치환할 때 형상되는 혐오 발화자의 몸이다.

혐오의 체화
― 결론을 대신하며

폭력 위협은 많은 LGBT/퀴어의 일상이며 비트랜스젠더퀴어 페미니스트의 일상이기도 하다. 혐오와 폭력이 일상이라는 말은 단순히 개인을 둘러싼 혐오 환경, 부정적 환경을 뜻하지 않는다. 트랜스젠더퀴어의 혐오는 타인의 트랜스 혐오만이 아니라 트랜스젠더퀴어 자신의 자기혐오를 포함한다. 많은 트랜스젠더퀴어가 인터뷰나 자전적 글에서 자신의 몸을 혐오한 경험을 밝히고 있다. 트랜스젠더퀴어 중 일부가 표출하는 자기혐오, 몸 혐오는 트랜스젠더퀴어 정체성/범주 구성의 핵심이다. 바이섹슈얼 역시 마찬가지다. 앞서 설명했듯 바이섹슈얼은 어떤 연애를 해도 자기 존재를 부정당한다. 이성애자는 이성 파트너를 만남으로써 이성애 정체성/범주를 확인하고 주변에서도 승인받는다. 동성애자는 동성 파트너를 만남으로써 동성애 정체성/범주를 확인하고 (제한된) 주변 사람에게 승인받는다. 하지만 바이섹슈얼은 파트너가 유사한 젠더로 읽히면 동성애로, 다른 젠더로 읽히면 이성애로 독해된다. 바이섹슈얼의 성적/낭만적 실천은 필연적으로 자기 범주의 부정을 동반한다. 자기혐오와 자기 범주의 부인이 자신의 정체성/범주를 구축하는 데 중요한 역할을 한다면, 이것은 혐오를 다시 사유하도록 한다. 혐오는 무조건 부정적 현상인가? 혐오가 자신의 삶을 구축하는 데 어떤 역할을 한다면 혐오를 어떤 '가능성', '힘'으로 독해할 여지가 생긴다.

트랜스젠더퀴어가 자신의 몸을 혐오하고, 몸과 부대끼고 엄청난 불편함을 느끼는 경험, 뭔가 잘못된 몸에서 살고 있다는 느낌은 종종 몸을 본질화하는 수사라고 비판받는다. 하지만 이 느낌을 단순히 본질주의로 취급하는 것은 몸과 감정의 관계를 사유하지 않기 때문이다. 이 불편함과 자기혐오는 끊임없이 몸의 표면을 예리하게 인식하도록 하고, 내가 세계와 조우하는 방식을 민감하게 포착하는 감각/감정이다. 자기혐오를 통해 어떤 몸을 여성적 몸으로,

어떤 행동을 남성적 표현으로 받아들이는지를 날카롭게 포착한다. 혐오는 내가 세상과 조우하는 과정에서 내 몸이 어떤 모습으로 형상되고 인식되는지, 내가 어떤 방식으로 세상과 소통하고 싶은지를 첨예하게 사유하는 과정이다. 이것은 내가 원하는 젠더로 통하지 않을 때만의 경험이 아니다. 내가 원하는 젠더로 통할 때도 끊임없이 신경 써야 한다. 내 몸을 둘러싸고 있는 폭력을 예감하기 때문이다.

혐오는 적대 관계가 구축하는 얼굴이자 형상이기도 하지만, 관계를 구축하기 위해 자신의 몸을 날카롭게 인식하는 과정이다. 피상적으로 혐오는 너와 내가 결코 함께할 수 없는 존재, 관계가 엮일 수 없는 강한 부정으로 표상된다. 하지만 혐오는 너와 내가 강하게 연루된 존재라는 점을 확인하며 서로가 서로를 바라보는 방식이자 서로를 의식하며 각자의 몸의 그려가는 작업이다. 이런 의미에서 혐오는 분석 대상이기보다 분석틀이어야 한다. 대체로 혐오는 '하는 것'과 '받는 것'으로 인식되지만 트랜스젠더퀴어와 바이섹슈얼에게 혐오는 거기에 더해 '나'의 범주를 형성하고 실천하는 방식 중 하나다. 나는 이것이 비트랜스 페미니스트, 동성애자라고 해서 별반 다르지 않다고 믿는다. 물론 자기혐오가 사회적 혐오의 효과라는 점에서 혐오를 가능성으로 설명하기에는 무리가 있다. 혐오를 어떤 '가능성'으로 독해하는 작업은, 정작 그 작업을 하고 있는 나로서도 부담스러운 일이다. 분명히 할 점은 혐오가 '좋다', '유용하다'는 주장이 아니라는 것이다.

혐오를 경험하고 있는 상황에서 혐오의 타자/대상이 되기보다, 혐오의 타자/대상으로 '나'를 위치 짓고 설명하기보다 그 혐오를 복잡하게 경험하는 상황을 함께 고민하자고 말하고 싶다. '혐오는 나쁘다'라고 말하면 아무것도 논할 수 없다. '혐오는 나쁘다'라는 논의는 혐오와 결합된 부정적 감정, 부정적 경험을 극복하고 없애야 할 것으로 취급하기 쉽다. 하지만 부정적 감정, 부정적 경험은 극복해야 할 것, 과거의 유물이 아니라 내 몸을 이루고 있는 흔적이자 기록이며 나의 현재-역사다. 혐오를 가능성으로 탐문하는 작업은 존재를 학살/삭제하려는 혐오자의 의도에 갇히지 않으면서, 혐오로 인한 고통을 부인하지도 않으면서 이 감정이 축적된 몸, 아카이브인 몸을 탐문하려는 시도다. 서두에서 말했듯, 이 글을 통해 내가 제기하고 싶은 소박한 기획은 이것이다. 혐오를 단정하지 말고 사유하자.

누군가의 삶에 반대한다?

: 성소수자 운동이 마주한 혐오의 정치세력화

나라

나라

행동하는성소수자인권연대 운영회원. 2000년부터 대학성소수자동아리를 거처 동성애자인권연대에서 성소수자 운동을 시작했고, 노동자 투쟁, 전쟁, 신자유주의 등 다양한 억압에 반대하는 사회운동에 참여해왔다. 아래로부터 운동을 통해 성소수자와 모든 인간의 해방을 가능하게 할 사회의 근본적 변혁이 필요하다고 생각한다. 옮긴 책으로 『무지개 속 적색: 성소수자 해방과 사회변혁』, 『여성해방과 혁명: 영국혁명부터 현대까지』, 『여성과 마르크스주의』 등이 있다.

혐오의 시대

오늘날 한국 성소수자들은 오래된 혐오의 새로운 얼굴을 마주하고 있다. 성소수자들의 가시화와 인권운동의 성장, 대중 인식의 변화를 통해 뿌리 깊은 편견에 균열이 갔지만, 동시에 신자유주의 위기와 경제·정치적 양극화, 강경 보수 정권 재집권이라는 맥락 속에서 성소수자 혐오가 정치적으로 활용되고 있기 때문이다. 성소수자들에게 혐오는 전혀 낯선 일이 아니다. 오히려 너무나 익숙하고 그래서 더 두렵거나 진부한 주제다. 그러나 오늘날 성소수자 혐오는 지난 20여 년간 성소수자 운동이 일군 성과들을 위협하고, 드러내기와 계몽을 통한 변화가 가능하다는 믿음을 배반하는 듯하다.

여성 혐오와 성소수자 혐오에는 공통의 기반이 있다. 성별 고정관념과 정상 가족 이데올로기가 그것이다. 성소수자들의 존재는 여성 차별적인 성별 고정관념과 가족 제도를 위반한다. 여성들의 삶의 변화가 여성의 평등과 해방을 위한 열망으로 분출했을 때마다 성소수자들도 운명의 변화를 꿈꿨던 것은 우연의 일치만은 아니다. 여성 혐오는 단지 비뚤어진 인식과 언어의 문제가 아니라 형식적인 평등 이미지로 인해 기만적으로 은폐되는 체계적 차별과 폭력의 문제다. 한국사회에서 성소수자들은 시민성조차 인정받지 못하는 현실이기 때문에 혐오의 파괴적 영향을 좀 더 극적으로 보여주는 위치에 있다. 다른 한편에서, 오늘날 여성 혐오 현상은 성소수자 운동의 목표와 전략에 중요한 교훈을 던진다. 제도적 인정과 형식적 평등만으로는 천대와 혐오를 없앨 수 없다는 것을 보여주기 때문이다.

오늘날 동성애와 성소수자 의제는 보수 개신교 세력과 우익 단체들이 '종북' 다음으로 주요하게 다루는 문제가 됐다. 국가기구는 이런 목소리를 핑계로 차별을 정당화하는 일을 되풀이하고 있다. 성소수자 인권을 긍정하는 제도적 조치를 취하려 할 때마다 '대다수 국민'을 자칭하는 이들의 거센 공격을 받게 되면서 공적 공간에서 성소수자 인권 의제를 다루는 것은 극도로 기피되고 있다. 한국사회에서 지배체제에 대한 도전과 저항을 가로막는 전통적인 이데올로기로 작용한 반공주의(레드 콤플렉스)에 더해 이른바 '레인보 콤플렉스'가 등장했다는 이야기도 있다.[1] 이런 상황은 일베 현상으로 대표되는 소수자 혐오의 부상과도 맞닿아 있다. 성소수자와 더불어 여성, 이주민, 종북 좌파, 전라도, 세월호 유가족 등 체계적인 차별과 권력의 피해자들을 향한 노골적인 혐오의 표출이 희망 없는 시대에 좌절과 무기력이 낳은 공백을 채우고 있다.

성소수자 운동이 정치적인 혐오에 주목하기 시작한 것은 2007년 차별금지법 제정 시도 과정에서 성소수자 혐오를 조장하는 이들에 의해 법안이 후퇴한 사태 이후다. 성소수자 반대 운동[2]은 이명박, 박근혜 정권을 거치면서 본격적으로 조직화됐고, 성소수자 혐오를 조장하면서 성소수자 인권 의제에 거센 공격을 벌였다. 특히 박근혜 정권에 들어 성소수자 반대 운동은 행동주의를 강화하고 있다. 2013년 최원식, 김한길 의원이 이들의 압력에 굴복해 차별금지법안 발의를 철회하는 일이 벌어졌고, 2014년에는 퀴어문화축제 퍼레이드가 수백 명의 보수 개신교 단체 및 우익 단체를 중심으로 한 혐오자들에 의해 방해받았다. 두 사태는 성소수자들의 삶과

---

1   "'레인보 콤플렉스'는 어떻게 만들어지는가", 《한겨레21》 제1061호, 2015. 5. 18.

2   표면적으로 이들 혐오 세력이 사용하는 말은 '성소수자' 반대가 아니라 '동성애자' 반대다. 하지만 혐오 세력이 표적 삼는 집단에는 동성애자뿐 아니라 트랜스젠더, 양성애자 등 모든 성소수자가 포함되기에 여기서는 '성소수자' 반대 운동이라고 지칭하겠다.

권리가 심각하게 위협받고 있다는 인식이 성소수자 운동 안팎에서 확대되는 계기였다.

오늘날 한국사회에서 성소수자 혐오를 바라볼 때 우리는 그 정치성에 주목하지 않을 수 없다. 성소수자 혐오는 체계적 억압이 낳은 부산물이지만 성소수자 반대 운동은 단순히 기존의 차별적 인식의 연장선에 있지 않다. 마사 너스바움이 말한 특정 집단을 배척하기 위한 사회적 '무기'로서 혐오는 지금 한국사회의 특수성과 역사적 보편성이 결합된 정치적 도구로 활용되고 있다. 사실 성소수자 혐오 자체가 역사적 산물이다. 동성애자, 이성애자, 트랜스젠더 같은 범주로 인간을 분류하고 일군의 인간 집단이 특정한 섹슈얼리티를 공유한다는 인식은 근대에 들어서면서 탄생했고, 이는 국가와 가족을 통한 체계적인 섹슈얼리티 통제와 연결돼 있다. 오늘날 모든 사회에서 이런 섹슈얼리티 통제와 억압은 보편적인 현상이지만 그 구체적인 양상은 특정한 맥락 속에서 모습을 달리한다.

지금 한국의 성소수자 혐오는 특정 정치 집단이 채택, 주도하고 있는데, 문제는 그 집단이 오늘날 한국사회를 지배하는 이들과 밀접히 연결돼 있고, 사회적 약자 일반을 향한 혐오를 용인하고 조장하는 정치를 펼치고 있다는 점이다. 올해(2015년) 보수 개신교 세력의 공세에 의해 사상 초유로 서울에서는 퀴어퍼레이드 행진이, 대구에서는 퀴어문화축제 행사 자체가 경찰과 지차체로부터 '금지'

된 것은 혐오의 정치세력화라고 부를 수 있는 이런 현실의 발로다.

혐오가
파괴하는 삶들

우리 사회에서 성소수자 혐오의 정치세력화가 어떻게 전개돼 왔고, 어떤 사회적 영향을 미치고 있는지, 성소수자 운동이 이에 어떻게 대응했는지 살펴보기에 앞서 혐오의 폐해를 짚고 넘어가야겠다. 소수자 혐오는 차별과 인권의 유예를 정당화함으로써 민주주의와 평등의 온전한 실현을 가로막는 구실을 한다. 동시에 절대로 간과하지 말아야 할 지점은 혐오의 대상이 되는 집단 구성원들의 삶에 엄청난 피해를 입힌다는 사실이다. 혐오를 조장하는 목소리가 정당화하는 차별과 모욕, 폭력이 개인의 삶과 만났을 때, 가장 비참한 결과는 죽음이다. 성소수자 커뮤니티는 불비례하게 많은 죽음들을 겪고 있다. 특히 위기 상황으로 내몰릴 가능성이 높은 청소년 성소수자들은 말 그대로 목숨을 위협받고 있는 지경이다. 여러 조사에 따르면 한국 청소년 성소수자들의 자살 시도율은 50%를 넘나드는 심각한 수준이다.[3]

한국에서는 혐오 범죄에 대한 사회적 인식이 낮고 논의도 거의 없다. 그러나 성소수자라는 이유로 괴롭힘과 폭력, 살해의 대상이 되는 일은 제대로 드러나지 않을 뿐 비일비재하다. 혐오로 인한 피해는 쉽게 은폐된다. 혐오가 범죄의 동기일 수 있다는 사실은 쉽게 무시되며, 오히려 피해자가 그런 범죄를 유발했다는 편견이 힘을 발휘하는 경우가 많기 때문이다. 그래서 성소수자의 죽음은 어떤 유형의 죽음이든지 간에(질병이든 자살이든 살해당했든) 있는 그대로의 모습으로, 그러니까 성소수자로서의 자신을 존중받으며 온전히 기억되지 못하는 경우가 대부분이다. 삶에서도 차별받는 집단의 취약성 때문에 각종 권리의 제약, 차별 같은 피해에 제대로 대응하기 어려운 경우가 많다. '한국게이인권운동단체 친구사이'가 발표한 '2014년 한국 LGBTI 커뮤니티 사회적 욕구 조사'에 따르면 응답자 3159명 가운데 41.5%가 직접 차별이나 폭력을 당한 경험이 있지만 경찰, 기관, 단체 등에 신고하거나 도움을 요청한 비율은 그중 5.1%에 불과했다.

이렇게 혐오는 손쉬운 먹잇감들을 노린다. 혐오의 정치가 특히 잔인한 이유는 낙인과 억압이 낳은 수치심을 십분 활용한다는

---

3 '2006년 청소년 성소수자 생활 실태 조사 보고서'(강병철, 하경희)에 따르면 청소년 성소수자 자살 시도율은 47.4%, 2014년 한국 LGBTI 커뮤니티 사회적 욕구 조사(한국게이인권운동단체 친구사이)에서는 45.7%로 나타났다. 전체 청소년 집단의 자살 시도율이 5~10% 수준인 것에 비해 매우 높은 비율이다.

것이다. 차별은 기본적으로 어떤 집단의 구성원들을 편견 어린 고정관념으로 격하시켜 비인간화함으로써 유지되고, 따라서 혐오와 수치심이 중요한 구실을 한다. 혐오는 억압의 결과인 동시에 억압을 강화하는 수단이다. 성소수자들은 문란한, 비윤리적인, 자연에 반하는, 불법인, 정신병적인, 유해한 존재로 그려지며 인간의 얼굴이 지워진 자리는 비난받아 마땅한 속성들로 채워진다. 이를 위해 혐오를 조장하는 이들이 미디어에서의 성소수자 표현에 격렬히 반대하고 에이즈, 항문 성교, 문란함 등을 강조하는 선전에 몰두하면서 편견을 강화하고 수치심을 자극하는 것이다.

혐오의 정치는 사회문제의 원인을 미움받는 특정 집단으로 돌리는 마녀사냥의 정치이기도 하다. 혐오의 시대에 성소수자들은 출산율 저하와 에이즈 확산부터 국가 안보 위기, 심지어 건강보험료 인상의 주범으로서 가정, 사회, 국가를 위협한다고 지목된다. 이주민 혐오나 여성 혐오도 마찬가지 방식으로 사람들을 희생양으로 만든다. 이주민은 내국인의 일자리를 빼앗고 지역을 더럽히고 범죄를 저지르는 집단으로 매도당한다. 여성들은 특혜와 보호를 받으면서도 너무 많은 것을 바라는 '김치녀'로 비하된다. 경제위기와 불평등의 심화 속에서 지배자들은 복지를 축소하고 노동시장 구조를 개악함으로써 평범한 사람들의 삶을 제물로 삼아 위기를 벗어나려 하고 있다. 이런 현실이 양산하는 불평등과 불안은 혐오가 자

2015년 5월 17일, 국제성소수자혐오반대의 날, 서울역광장. ⓒ 행동하는성소수자인권연대

라나는 토양이다. 극단적인 경쟁만이 사람들에게 주어진 선택지인 상황에서 모든 사람이 평등하다는 생각, 민주주의와 인권 보장이 필요하다는 합의는 형식적인 수준일지라도 거추장스러울 뿐이다.

역사적으로 성소수자 혐오를 부추겨 차별과 탄압을 정당화한 시대를 살펴보면 지배 질서의 위기를 타개하기 위해 민주적 권리 전반을 후퇴시키고 소수자들을 속죄양 삼는 정치적 배경이 존재했다. 2차 세계대전 당시 나치 독일에서는 독일 민족의 우월함과 순수성을 지킨다는 명목으로 유대인, 이주민, 성소수자들이 글자 그대로 대량 학살당했다. 스탈린주의 소련에서는 동성애자를 파시스트로, 나중에는 자본주의적 일탈자로 비난했다. 1950년대 미국에서 벌어진 매카시즘 선풍의 또 다른 희생양은 동성애자들이었다. '종북 게이'를 떠올리게 하는 '코미 핑코 퀴어commie pinko queer', 즉 '호모 빨갱이'라는 표현이 당시 언론에 등장했다. 최근 러시아와 아프리카 일부 국가들에서도 서구에 대한 반감을 이용해 동성애를 비전통적이라고 비난하며 반민주적인 독재정권의 통치를 정당화하는 수단으로 성소수자 혐오를 활용하곤 한다. 2008년 이후 지속된 세계적인 경제 위기와 정치 위기 상황에서 미국, 유럽 등에서 나치의 부상과 함께 성소수자 혐오와 이주민 혐오가 부각되기도 했다. 시민 혁명으로 오랜 독재자를 권좌에서 끌어내린 이집트에서는 군부의 통치가 부활하면서 동성애자에 대한 탄압이 강화되고 있다.

우파 지배의 도구가 된 한국의 성소수자 혐오

오늘날 한국의 상황은 특히 1980년대 미국과 영국의 상황을 떠올리게 한다. 경제성장이 둔화하고 실업률이 상승하는 등 위기에 대응해 당시 미국에서는 레이거노믹스, 영국에서는 대처리즘이라는 이름의 신자유주의 공세가 시작됐다. 복지 삭감, 노동조합 파괴, 임금 삭감, 규제 완화, 민영화 등 평범한 사람들의 삶의 질을 후퇴시키는 조치와 함께 공민권 운동, 여성해방 운동, 동성애자 해방 운동 등 1960년대에 성장했던 저항운동의 유산에 대한 거센 공격이 수반됐다. 전통적인 가족 가치를 수호한다는 미명 아래 낙태, HIV 감염인, 동성애자들에 대한 비난이 쏟아졌다. 평등을 향한 열망을 가라앉히고 경쟁을 강화하기 위해 고립되고 힘없는 만만한 집단들을 표적 삼아 차별적인 인식을 강화한 것이다.

한국의 성소수자 반대 운동도 사회적 위기가 심화되고 복지와 노동조건, 민주주의가 후퇴하는 상황에서 성장했다. 높은 실업률, 심각한 불평등 속에서 치열한 생존 경쟁에 내던져진 청년층은 '3포 세대'니 '5포 세대'니 할 정도로 미래에 대한 희망을 박탈당하고 있다. 오늘날 한국사회의 주된 속죄양으로는 종북 세력, 성소수자, 이주민을 꼽을 수 있지만 여성을 비롯해 전교조와 노동운동, 심지어 세월호 진상 규명을 요구하는 유가족도 혐오의 대상이 됐다. 민주화 운동의 성과와 합의도 끊임없이 공격받고 있다. 출산율 저하, 고령화가 사회문제로 대두되면서 성소수자 반대 선동과 함께 낙태 반대 캠페인이 강화되기도 했다.

성소수자 반대 운동은 한 축에서 대형 보수 개신교단들을 매개로 지배 권력과 연결돼 영향력을 행사하고, 다른 한 축에서는 행동주의적 대중운동을 건설하면서 우파 결집의 새로운 초점을 형성하고 있다. 이런 움직임은 노무현 정권이 차별금지법 제정을 추진하자 보수 개신교계를 중심으로 '동성애차별금지법' 반대 운동을 벌이면서 본격적으로 시작됐다. 2007년 법무부가 차별금지법안을 입법 예고하자 10월 22일 대한민국국가조찬기도회, 성시화운동본부, 한국기독교총연합회 등이 '동성애차별금지법안 저지 의회선교연합'을 결성했고, 동성애는 "윤리 도덕에 어긋난 사회악", "비성경적, 비윤리적, 비위생적"이라는 혐오 발언을 쏟아내며 대국민 반대 캠페인을 벌이겠다고 선포했다. 물론 보수 개신교의 동성애 반대 입장이 새로운 것은 아니었다. 2003년 국가인권위원회가 청소년보호법 시행령의 동성애 차별 조항을 개정할 것을 권고하자 대표적인 보수 개신교 연합체였던 한국기독교총연합회는 "유황불 심판" 운운하는 저주에 가까운 반대 입장을 냈다. 그러나 이번에는 훨씬 더 노골적인 반대 행동이 동반됐다는 점에서 달랐다. 성소수자 반대 운동을 통해 보수 개신교계에서 존재감을 드러내고 영향력을 높이려는 집단들이 등장한 것이다. 북한 인권, 이슬람 선교 등에 앞장서던 에스더기도운동본부가 대표적이다. 이들은 2007년 '동성애허용법안반대국민연합(동반국)'을 만들어 차별금지법 반대 캠페인을 벌이면서 행동주의적인 성소수자 반대 운동을 선도했다. "며느리가 남자라니 동성애가 웬말이냐", "가정이 무너지고 사회가 파괴되는 동성애 허용법안 절대 반대", "AIDS 창궐하는 동성애법 철폐"

등의 성소수자 반대 운동의 대표 구호들을 들고 나온 것이 이들이다. 이후 다양한 비주류, 극단주의 보수 개신교 그룹들과 극우 단체들이 경쟁적으로 성소수자 반대 운동에 뛰어들었다.

성소수자 반대 운동은 국가인권위원회가 동성애를 옹호, 조장한다고 비난하면서 김대중, 노무현 정권 시기 민주적 개혁과 인권 제도화를 공격하기도 한다. 두 자유주의 정권의 신자유주의 개혁이 개혁을 기대한 대중의 기대를 배신하면서 생겨난 환멸을 전통적 지배층이 느낀 '잃어버린 10년'의 공포와 연결시키는 방식이다. 다른 한편에서는 차별금지법이 종교의 자유(사실은 보수 개신교의 기득권)을 위협한다고 주장하면서 주류 보수 개신교의 위기감을 자극했다. 부정부패, 분열, 위선으로 사회적 신뢰를 잃고 신도가 감소하는 등 위기에 빠진 보수 개신교계가 내부 결속을 도모하고 도덕적 정당성을 확보하는 도구로서 성소수자 반대 운동을 선택한 것이다. 이 과정에서 성소수자 반대의 수사는 청소년 보호 논리, 에이즈 확산 위험 등을 넘어서 색깔론, 복지 담론 등을 포함하는 우파적 세계관으로 무장했다. 2010년 SBS 드라마 〈인생은 아름다워〉에서 동성애를 다루자 이들은 더욱 공격적으로 성소수자 반대 선동을 벌였다. 일간지 의견 광고를 적극 활용하면서 당시 헌법재판소에 위헌 제청 중이던 군형법 동성애 처벌 조항을 비롯해 각종 성소수자 인권 관련 사안들에 전방위적으로 개입하기 시작했다. 국가인권위원회가 군형법 92조 폐지를 권고하자 어버이연합, 대한민국고엽제전우회, 6·25남침피해유족회 같은 전통적인 우익 단체들이 동성애 반대 대열에 등장했다. 이들은 "군대 내 동성애를 허용하면 군 기강이 무너지고 북한만 좋아한다"는 식의 안보 논리를 동성애 반대의 근거로 동원했다.

이후 바른성문화를위한국민연합(바성연), 건강한사회를위한국민연대를 비롯해 성소수자 반대 운동에 주력하는 단위들이 점차 늘어났다. 차별금지법, 학생인권조례, 군형법 등의 법제는 물론이고 대중매체에서의 성소수자에 대한 긍정적 표현에 격렬히 반대했다. 교육도 중요한 영역으로 등장했다. 동성애자들이 문란하고 비위생적인 성관계에만 몰두하는 것으로 매도하는 '한 동성애자의 양심 고백'이라는 제목의 글이 조선일보 전면 광고로 실렸고, 이후 만화 형식의 소책자, 웹툰 등으로도 제작돼 계속해서 유포되고 있다. 이외에도 다양한 동성애 반대 논리들이 발전해나갔다. 동성애는 선천적인 것이 아니라 학습되는 것이고 벗어날 수 있다는 논리, 에이즈 확산의 주범이라는 주장, 동성애자를 성범죄자와 동일시하는 왜곡 등을 통해 '동성애는 사회악'이라는 관점이 되풀이됐다. 이런 논리들은 대부분 미국의 근본주의 기독교 세력이 주도한 반성소수자 운동으로부터 수입된 것들이다. 미국 성소수자 인권단체 휴먼라이츠캠페인의 보고서 「혐오의 수출」에도 한국은 미국의 성소수자 반대 운동이 수입된 국가로 지목돼 있다.

박근혜 정권이 들어선 2013년부터 성소수자 반대 운동은 조직화와 세력화에 더욱 기세를 올리면서 지난 시기 차별적 내용이 완화된 다양한 영역에서 반전을 꾀했고, 상당한 성과를 냈다. 민주당은 이런 상황에서 완전히 무력한 모습을 보였고, 김한길, 최원식 의원은 차별금지법안 발의를 철회했고, 일부 기독교 인사들은 동성애 반대에 가담했다. 그러는 동안 국립국어원이 '사랑'의 정의를 '남녀 간'으로 한정하며 성소수자 차별적인 내용으로 되돌렸고, 방송에서도 성소수자와 관련한 표현이 위축됐다. 교육부는 '학교 성교육 표준안'을 마련하면서 차별 조장 세력의 주장을 대부분 수용해 성소수자의 존재와 인권을 깡그리 무시할 뿐 아니라 보수적인 성도덕을 강화하는 퇴보적인 교육안과 교육지침을 내놓았다. 성소수자 반대 운동은 새누리당 유승민 의원이 발의한 '인권교육지원법안'도 철회시켰다. 인권의 제도화 자체를 공격해 성소수자 인권이 논의될 수 있는 토양을 없애겠다는 모양새다.

성소수자 혐오는 일부 광신적인 비주류 보수 개신교도들만의 전유물이 아니라 오늘날 한국사회 지배 권력이 공유하는 가치다. 한기총, 한교연 등 대형 보수 교단들이 동성애 반대 입장을 분명히 표현하면서 차별금지법, 동성 결혼 법제화, 퀴어문화축제 반대 등의 이슈에서 한목소리를 내고 있다. 이뿐 아니라 이들은 박근혜 정부의 핵심 지지 기반이고, 정권 실세들 가운데 상당수가 직간접적으로 성소수자 반대 운동과 연결돼 있다. 여당 대표였고 교육부 장관이 된 황우여는 2007년부터 꾸준히 성소수자 반대 운동에 동참했고, 총리 후보자였다가 낙마한 문창극은 퀴어문화축제를 공개적으로 비난했다. 차별금지법에 반대하고 "동성애를 조장하는 도덕 교과서 '생활과 윤리'의 수정을 촉구"하는 활동에도 참여한 바 있는 목사 최이우와 대표적인 성소수자 반대 인사인 이태희가 속해 있으며 "기독 공동체를 지향"한다는 법무법인 산지의 대표 변호사 이은경이 박근혜 정권에서 국가인권위원이 됐다. 오늘 우리는 황교안이 국무총리인 시대를 맞았다.

2014년에는 성소수자 반대 운동의 행동주의가 두드러졌다. 서울과 대구에서 퀴어퍼레이드를 가로막기 위해 수백 명이 거리로 나왔고, 공청회나 토론회를 폭력과 난동으로 무산시킴으로써 '사회적 논란'을 만들어내는 수법도 더 적극적으로 활용되고 있다. 광주, 대구, 강원 등 지역 차원에서도 성소수자 반대 운동이 조직화되기 시작했다. 성소수자 인권 의제는 진보 교육감이나 박원순 시장과 같은 야권 정치인들을 흠집 내기 위한 무기로도 활용되고 있다. 그런데도 박원순 시장을 비롯해 대부분의 정치인들이 성소수자 반대 운동에 타협하는 모습을 보면 오늘날 한국에서 성소수자 인권은 '종북'과 같이 지배 질서가 허용할 수 있는 선 바깥에 존재한다는 생각이 들 정도다. 즉, 기성 체제 전반이 혐오 집단이거나 혐오에 타협하는 이들이기에 혐오와 차별을 조장하는 목소리가 사회적 지탄이나 반발에서 비교적 자유로운 상태에 있는 것이다.

서울시민인권헌장 사태는 오늘날 한국에서 성소수자들이 처한 모순적인 상황을 극적으로 보여줬다. 성소수자들의 서울시청 점거 농성은 성소수자 커뮤니티의 폭발적인 지지를 받았고, 시민사회와 진보정당의 연대를 확인했다. 그러나 서울시는 끝내 인권헌장을 선포하지 않았다. 뒤이어 성북구청은 주민참여예산 사업으로 선정된 청소년 성소수자 인권 사업을 포기했다. 기성체제 안에서 힘의 기울기를 단적으로 보여준 것이다. 2015년에는 경찰과 지자체가 서울과 대구 퀴어퍼레이드 행진을 금지했다. 병무청과 경찰 등 국가기관에서 성소수자에 대한 편견을 부추기는 행태들도 계속되고 있다. '성적지향·성별정체성 법정책연구회'가 발표한 보고서 「한국 LGBTI 인권현황 2014」에 따르면 성소수자 인권 수준을 나타내는 무지개 지수는 12.15%로 2013년보다 3% 하락해 우크라이나와 비슷한 수준으로 나타났다. 오늘날 한국 성소수자 인권은 보수 우익의 먹잇감이 된 것이다.

혐오에 맞선
저항과 연대

　물론 이런 후퇴가 그림의 전부는 아니다. 성소수자 반대 운동의 부상에는 분명히 성소수자 가시화와 인권의식 성장, 국제적인 변화의 흐름에 대한 반발이라는 측면이 존재한다. 특히 한국 성소수자 운동은 편견과 차별에 맞서 고군분투하면서도 꾸준히 성장해왔다. 성소수자들의 존재가 점점 더 많이 드러나고 있고, 커뮤니티와 자긍심도 커지면서 성소수자를 바라보는 대중의 시선도 빠르게 변화했다. 한국은 전 세계에서 성소수자에 대한 대중의 수용도가 가장 빠르게 증가한 국가 중 하나다. 국가인권위원회법, 광주와 서울 등지의 학생인권조례를 포함해 법제도에서 부족하나마 성소수자 인권 원칙이 담기기도 했고, 성전환자 성별 정정 요건을 완화하는 유의미한 판결들도 이뤄졌다. 성소수자들의 자긍심과 열망을 드러내는 장으로 자리 잡은 퀴어문화축제는 2000년대 후반 들어 규모가 급격히 성장해 2014년에는 참가자가 2만여 명에 달했다. 시민사회와 진보 진영에서 성소수자 인권을 지지하는 입장이 자리 잡았고, 성소수자를 지지하고 포용하는 종교계의 목소리도 확대됐다. 하지만 보수정권 집권과 함께 강화된 혐오 조장과 차별은 이런 전진이 저절로 주어지지 않는다는 것을 확인시켜줬다.

성소수자 운동은 청소년보호법상 동성애 차별 조항 삭제 운동을 비롯해 올바른 차별금지법 제정 투쟁, 서울시 학생인권조례 원안 통과 투쟁 등을 통해 저항의 경험을 축적해왔다. 시민사회와 진보 진영의 연대도 발전했다. 2000년대 중반까지도 시민사회와 진보 진영에서 성소수자 인권 의제는 관심 밖이었다고 해도 과언이 아닐 것이다. 성소수자 인권이 강령에 포함된 진보 정당들 내에서조차 동성애 찬반 논쟁이 벌어지곤 했다. 진보 정당에서 활동한 성소수자들은 성소수자 인권을 옹호하기 위해 치열한 논쟁과 투쟁을 벌였다. 그 결과 오늘날 노동당, 녹색당, 정의당 등 진보 정당에서는 성소수자 인권이 원칙으로 자리 잡았고, 성소수자 이슈를 다루는 위원회가 존재한다. 진보정당들은 성소수자 운동과 함께 성소수자 인권을 사회적 의제로 만드는 데 중요한 역할을 했다. 차별금지법, 성전환자성별변경특별법 등의 발의, 가족구성권 정책 개발 등이 진보 정당들을 통해 이뤄졌다. 진보 정치가 탄압과 분열로 약화되면서 제도 정치권 안에서 성소수자 인권 옹호의 목소리가 위축됐을 뿐 아니라 제도적 개혁 시도도 훨씬 어려워졌다.

한국 성소수자 운동은 다른 시민사회, 소수자 운동과 마찬가지로 1987년 민주화 체제의 산물이었다. 1990년대 들어 성장한 시민사회 운동과 다양한 담론들이 성소수자 운동에 영향을 미쳤고 성소수자 운동과 직간접적으로 연결돼 있었다. 다양한 성소수자

운동 가운데에는 진보적인 사회운동 속에서 존재감을 드러내려고
한 이들이 꾸준히 존재했다. 일찍이 1997년 노동법 개악에 반대한
민주노총 총파업에 무지개 깃발을 들고 연대한 성소수자들이 있었
고, 2000년대 이후 굵직한 사회운동들에도 성소수자들은 빠짐없이
참여했다. 2003~2004년 이라크전쟁 반대 운동과 파병 반대 운동
에 조직적으로 참여한 성소수자들의 모습은 인상적이었다. 2008년
FTA 반대 촛불운동에서 가장 규모가 컸던 6월 10일 집회에는 차별
금지법 사태를 계기로 그해 발족한 성소수자 운동 연대체인 '성소
수자차별반대 무지개행동'이 100명이 넘는 대열을 이뤄 참여했다.
2011년 한진중공업 파업에 연대하는 희망버스가 주목받으면서 '연
대'가 사회적 키워드로 떠올랐을 때 성소수자들도 그 현장에 있었
다. 퀴어버스를 조직해 희망버스의 경험을 함께한 것이다. 이런 과
정에서 사회운동 안의 성소수자 혐오가 도전받았고, 성소수자 인
권 의제가 민주주의, 평등권과 연결된 시민사회와 진보 진영이 공
동으로 대응할 과제라는 것을 강조하는 목소리가 청중을 만날 수
있었다.

　2007년 차별금지법 사태 이후 성소수자 혐오가 단지 종교적
신념이 아니라 정치적 문제, 특히 평등권 의제라는 인식이 높아졌
다. 이제 성소수자 인권은 진보와 보수를 가르는 쟁점으로 여겨지
고 있다. 아산정책연구원이 2015년 4월 출간한『한국 유권자와 이

슈 III: 성소수자(LGBT) 인식』[4]을 보면 전반적으로 아직 무관심의 수준이 높긴 하지만 성소수자 쟁점을 인권 문제로 보는 시각이 늘고 있으며, "성소수자 이슈와 관련된 여론조사 결과를 보면, 진보와 보수 응답자 간 간극이 꽤 명확하게 드러나고 있다". 2011년과 2014년 성소수자들이 서울시 의원회관과 서울시청을 점거했을 때 진보 진영은 적극적인 지지와 연대를 보내준 바 있다.

2014년 성소수자들의 서울시청 점거 농성은 일종의 분수령이었다. 성소수자들이 저항하는 주체임을 사회적으로 각인시켰고, 진보적 시민사회 안에서 성소수자 혐오에 대한 진전된 합의를 끌어내는 계기가 됐다. 시청을 점거한 지 하루만에 100개가 넘는 시민사회 단체들, 진보 정당들이 지지를 표명했다. 민주노총, 참여연대가 성소수자 인권을 지지한다는 내용을 담은 독자 성명을 발표하기도 했다. 여성단체연합을 비롯한 여성단체들이 농성에 적극적으로 연대하는 모습이 돋보여 변화를 실감하게 했다. 오랫동안 주류 여성운동은 성소수자 의제를 꺼려하거나 소극적인 태도를 보였기 때문이다. 서울시민인권헌장 사태의 여파 속에 성소수자 관련 주민참여예산 사업이 좌절된 성북구에서는 지역 운동과 성소수자 운

4   김지윤·봉영식·강충구·이지형,『한국 유권자와 이슈 III: 성소수자(LGBT) 인식』, 아산정책연구원, 2015. 4. 1.

서울시민인권헌장 선포 촉구 기자회견, 2014년 12월 7일, 서울시청. © 행동하는성소수자인권연대

동 간의 단단한 연대가 구축됐다.

서울시청 점거농성에서 확인된 연대는 그 폭과 깊이를 늘려가고 있다. 2015년 5월 17일 국제성소수자혐오반대의 날을 맞아 성소수자 운동은 시민사회와 함께 혐오에 맞선 행동을 조직했다. 100여 개의 시민사회단체가 공동행동을 지지했고 500명이 넘는 사람들이 문화제에 참여했다. 퀴어문화축제를 제외하면 한국 성소수자 운동 역사상 가장 큰 규모의 대중 집회였다. 2015년 퀴어퍼레이드 행진이 금지 통고를 받자 시민사회단체연대회의 소속 녹색연합, 민주언론시민연합, 여성환경연대, 장애우권익문제연구소, 참여

연대, 한국여성단체연합, 한국YMCA전국연맹, 한국여성의전화, 환경정의, 환경운동연합 등 굵직한 시민단체들이 성소수자 차별과 혐오에 반대하고 행진 보장을 촉구하는 입장을 신속하게 발표했다. 시민사회에서 성소수자 인권 문제의 중요성과 심각성을 인식하고 있음을 보여준 것이다.

기독교와 종교계 내부에서 성소수자를 지지하는 움직임도 꾸준히 확대돼왔다. 2003년 청소년 성소수자인 육우당의 죽음 뒤 기독교계 학생들이 한기총에 맞서는 투쟁에 함께한 바 있고, 보수 개신교와는 다른 동성애에 대한 해석과 입장에 대한 논의, 성소수자 기독인들의 커밍아웃도 꾸준히 이어졌다. 2007년 차별금지법 사태 이후에는 '차별없는세상을위한기독인연대'가 결성됐다. 불교계 안에서도 성소수자 쟁점에 대한 진지한 관심이 싹텄다. 2015년 퀴어문화축제를 앞두고 보수 개신교의 거센 공격과 위협에 맞서 개신교, 천주교, 불교, 원불교 등 범종교인들의 공동 대응이 준비되고 있기도 하다. 이렇게 한국 성소수자 운동은 성소수자 혐오를 조장하는 정치가 민주주의와 평등, 인권 전반을 파괴하는 효과에 주목함으로써 시민사회와 진보 진영, 진보적 종교계의 연대를 이끌어내고 있다.

여성 혐오가 어쨌다구?

충격과 공포를 넘어,
무기력에 맞서

　　그러나 한국 성소수자 인권의 전망을 낙관하기는 힘들다. 거듭되는 사회 위기 속에서 체제의 모순과 정권의 무능이 여실히 드러나고 있지만 사회운동과 진보 정치 또한 위기에 빠져 있기 때문이다. 오늘날 지배적인 정서는 변화에 대한 기대와 낙관이 아니라 환멸과 냉소다. 주류 야당은 위기의 대안이 아니라 차악으로서의 존재가치만 인정될 뿐이다. 혐오와 관련해서도 박원순을 비롯해 새정치민주연합 정치인들이 보여준 것은 기성 정치권 안에 성소수자 인권을 원칙적으로 옹호할 이들이 거의 없다는 실망스러운 현실이다. 한국 성소수자 인권 의제는 수년 동안 비범죄화(군형법 92조 6항 폐지), 차별 금지(포괄적 차별금지법 제정), 권리 보장(동성파트너십 법제화 등) 같은 과제가 혼재된 상태였는데 지금은 오히려 집회시위의 권리, 결사의 자유마저 부정당하고 그나마 명시된 차별금지 원칙마저 공격받는 후퇴된 상황에 처해 있다. 국가 주도로 반성소수자 법률을 도입하면서 대중의 인식이 후퇴하고 혐오 범죄와 폭력이 증가한 러시아의 상황을 남의 일로만 치부할 수 없는 까닭이다. 실제로 한국 성소수자 반대 운동은 러시아의 비전통적성관계선전금지법과 같은 법률을 한국에서도 제정해야 한다고 주장한다. 강도를 더해가는 혐오 선동과 행위들은 가정, 학교, 거리 등에서 성소수자를 향한 심각한 폭력이 벌어질지도 모른다는 두려움을 안긴다.

그러나 혐오와 차별 선동이 강화되고 이에 맞선 저항이 계속된다면 성소수자 인권 의제가 사회적으로 부상할 수 있다. 무관심보다는 논란이 차별적인 상황에 도전하는 데 도움이 된다. 사회적 차원의 논쟁은 성소수자 인권 보장에 대한 지지를 확인하고 확대하는 계기일 수 있다. 실제로 최근 퀴어문화축제에 대한 보수 개신교의 격렬한 반대 운동이 벌어지면서 개신교 내에서 동성애와 성소수자 인권에 대한 논쟁도 활발해지고 있다. 그런데 저항이 지속되려면 싸워서 삶을 지키거나 변화를 일굴 수 있다는 가능성에 대한 믿음이 필요하다. 사회운동과 진보 진영의 활력이 아쉬운 대목이다. 그러나 그 어떤 비극과 위기 간절한 읍소, 격렬한 저항에도 꿈쩍 않는 대통령의 머리 모양 같은 정권 아래에서 돌파구는 쉽게 포착되지 않는 것이 사실이다.

서울시청 점거농성에 성소수자 커뮤니티가 보여준 커다란 지지와 호응은 성소수자들이 차별받는 집단이라는 자각과 함께 변화의 열망을 품고 있다는 것을 보여줬다. 실제로 많은 성소수자들이 불과 10여 년 전만 해도 꿈도 꾸지 않았던 미래 전망을 갖고 살아간다. 가족, 학교, 일터에서 커밍아웃하고 살아가는 성소수자들이 늘고 있고, 동성 결혼 법제화를 비롯한 가족구성권 보장 운동과 같은 권리 쟁취 운동이 시작됐다. 그러나 차별, 혐오 선동이 강화되면 현실에서 폭력과 고통이 늘어날 수밖에 없다. 2014년 퀴어퍼레이드 현장에서 혐오 발언과 폭력을 마주한 많은 성소수자들이 이루 말할 수 없는 충격과 공포를 느꼈다. 공적인 공간에서 성소수자의 존재 자체가 부정되는 사회에서 성소수자 개개인들이 차별과 폭력에 대응하기는 매우 힘들다. 온라인과 술집을 중심으로 이뤄진 성소수자 커뮤니티가 다양한 삶의 영역으로 확대되는 과정이 진전돼야 하는 이유다.

한국 성소수자 운동은 20여 년의 역사를 거치며 많은 성과를 이룩했다. 정부와 기업의 지원이 거의 전무한 상황에서 '한국게이인권운동단체 친구사이', '행동하는성소수자인권연대' 등 독립적인 재정 구조를 갖춘 단체들이 성장했고, 심리상담가, 법률가 그룹 등 성소수자 운동과 연결된 전문가 층이 등장했다. 열악한 조건이지만 성소수자 관련 연구도 늘어나고 있다. '청소년성소수자 위기지원센터 띵동'처럼 특정한 목표에 초점을 맞춘 단체가 생겨나기도 했다. 여러 사회 운동 분야에서 활약하는 성소수자 활동가들이 존재하고, 운동과 우호적인 관계를 맺는 커뮤니티들도 크게 늘어났다. HIV/AIDS 감염인 인권, 청소년, 문란함 등 혐오가 공격하는 약한 고리라고 볼 수 있는 문제들에 대한 논의도 발전해왔다. 게이 커뮤니티 내부의 에이즈 혐오는 여전히 크지만 게이 단체인 친구사이 내에 감염인 소모임이 생긴 것은 의미 있는 변화다. 커뮤니티 안에는 문란함과 음란함을 빌미로 한 공격에 위축되는 이들도 존재하지만 인권 단체와 유력 커뮤니티에서 공식적으로 수세적인 태도를 취하지는 않는 상황이다.

하지만 여전히 성소수자 운동은 자원과 인력이 턱없이 부족한 상태에서 무관심하거나 적대적인 제도와 기성체제를 상대해야 한다. 이에 반해 성소수자 반대 운동은 교회와 보수 단체의 풍부한 자원을 활용해 전방위에서 물량공세 식으로 활동을 펼친다. 성소수자 대 혐오자 구도는 문제를 협소하게 만들기도 하지만 이런 전력 차이를 극복하기 어렵다는 점에서 무기력으로 이어지기 쉽다. 특히 우리가 거리나 공적 공간에서 마주하는 적개심 가득한 혐오의 얼굴들은 깊은 환멸감을 안긴다. 이 혐오의 얼굴들 너머에서 작동하는 정치를 보지 않으면 길을 잃을 수밖에 없다.

성소수자 운동의 경험은 권력과 자원의 열세 속에서 변화를 밀고나갈 힘이 연대에 있음을 보여줬다. 성소수자 인권이 한국사회 민주주의와 평등의 지표라는 인식의 확대돼야 한다. 서울시청 점거 농성을 마무리하며 외쳤던 "당신의 인권이 여기에 있다"는 슬로건은 여전히 유효하다. 성소수자 혐오를 조장하고 차별을 선동하는 이들이 추구하는 '소수자 속죄양 삼기' 정치는 궁극적으로 사회 전체의 불평등과 부정의를 유지하기 위한 것이기 때문이다. 서울시청 앞에서 수백일 동안 동성애 반대를 외치고 있는 예수재단의 임요한 목사는 동성애 반대와 민주노총 총파업 반대, 세월호 특별법 반대를 외치는 사이에 어떤 모순도 느끼지 않는다. 오늘날 성소수자 혐오는 사회적 위기의 책임을 소수자에게 전가함으로써 우리가 서로를 미워하면서 각개 생존의 미로에 갇히길 바라는 자들을 위해 복무하고 있다. 성소수자 운동과 시민사회, 진보 진영은 성소수자 혐오의 정치적 구실과 효과를 이해하고 사회 변화의 전망을 함께 만들어나가야 한다. 혐오라는 괴물이 노리는 것은 단지 성소수자, 이주민, 여성, 또 다른 소수 집단에 그치지 않는다. 우리가 서로 미워하길 바라는 자들은 누구인가. 혐오가 파괴하는 누군가의 존엄은 나의 존엄과 어떻게 연결되는가. 이런 질문에 함께 답해야 할 때다.

우리 시대의 질문 02

여성 혐오가 어쨌다구?

벌거벗은 말들의 세계

ⓒ 윤보라 임옥희 정희진 시우 루인 나라 2015

네 번째 찍은 날 2017년 2월 15일

지은이   윤보라 임옥희 정희진 시우 루인 나라
펴낸이   김수기
펴낸곳   현실문화연구
편집   김주원
디자인   신용진
마케팅   최새롬
제작   이명혜

등록번호   제25100-2015-000091호
등록일자   1999년 4월 23일
주소   서울시 은평구 통일로 684(녹번동) 서울혁신파크 1동 403호
전화   02-393-1125
팩스   02-393-1128
전자우편   hyunsilbook@daum.net
블로그   hyunsilbook.blog.me
페이스북   www.facebook.com/hyunsilbook.kr

ISBN 978-89-6564-170-4 03330

가격은 뒤표지에 있습니다.

「이 도서의 국립중앙도서관 출판예정도서목록(CIP)은 서지정보유통지원시스템 홈페이지(http://seoji.
nl.go.kr)와 국가자료공동목록시스템(http://www.nl.go.kr/kolisnet)에서 이용하실 수 있습니다.(CIP제어
번호: CIP2015017300)」